U0142886

統計學 (修訂版)

精要

薄喬萍 著

五南圖書出版公司 印行

序　言

　　這是一本專為企管碩士專班在職學生，或是非理工背景唸研究所的學生，所設計的「統計學」。由於在職的學生平日要上班，利用休閒的時間到學校裡再充電，論起來他們的確沒有太多的時間準備功課。再者，這些在職的學生，縱然在職場上都已有了很好的成就，但是追溯到以前，他們的專長基礎卻都各不相同，若是這些人是數理背景出身，要他們再學一學「統計學」，還不會構成困難，然而其中有很多人，他們原來的基礎可能是文、法科，或是藝術科類，先天上沒有太多的數理基礎，又加上在社會已經打拼「多年」之後，再要他們重新努力學好「統計學」，實在有點「困難」。此一困難不僅是學生辛苦，授課的老師也不輕鬆，老師們其實也煩惱，怎麼才能把一堆數學符號，很快地灌輸到學生腦子裡。

　　可以想像到，一些離開學校、也離開書本多年的「老學生」，坐在一張書桌後面，旁邊是一堆尚未辦完的業務，而正前方擺著一本看起來很複雜，又有點抽象的「統計學」，越看越不懂，逼得自己既氣餒又洩氣，很可能最後採取了「放棄」一途。實在可惜！難道一定要把「統計學」，學到和「教授」一樣高明才能拿出來應用嗎？

　　固然，能把「統計學」的原理學得很通，當然很好！但

是先決的條件是，不要把這些想要學的學生嚇跑了。對於初學「統計學」的人，先不要指望他們對於「統計學」發生多大的興趣，但是至少先不要產生排斥感。

　　每一本「統計學」，一開始所教的都是一些「機率」的理論。其實「統計學」並不難，難的卻是「機率學」這部分。對於初學者，尤其像 EMBA 這些求學者，先不必要求他們了解太多的機率理論（事實上，再認真的教學也很難在短時間內，把一位對於「統計學」不感興趣的人教得很「懂」），若是有人想要更深一層學習「統計學」，可以參考本書之各種參考書目，初學者能先把一般常用的「統計學」工具學會，至少可以應用這些基本的工具，自己有能力分析一些所整理出的數據。因此，本書想寫一本「最、最」基礎的「統計學」，此書的內容先不談機率或統計的「大」道理，EMBA初學者可以先照著書裡各章所介紹的公式，照樣地學著分析問題，當大家對於「統計學」已經不再害怕、也不再排斥的時候，他們就會自動地再找理論更詳盡的「統計學」專書再加深研究，這是本書寫作的目的和意義。

　　因此，本書編排具有以下特色：

　　一、本書各章檢定及推估之解題方法及例題，皆有條理分明之解題步驟，學者可按照此步驟進行解題，簡易清晰不致混淆。

　　二、本書強調實用，一般統計學書裡所陳述的艱澀、深奧的理論，都已省略。

　　三、本書之各章節不以一般統計學之內容編排，而是以

研究之主要內容編列。讀者可以按照所欲「檢定」、「推估」的主題，找到相關的章節，即可按照例題解析方法，實施研究之分析。

　　四、本書適用於EMBA或初學統計學的在職研究生一學期之教學，各章附有許多練習題，教授可利用上課時間要求同學練習各習題，當場學習、當場收穫。

　　五、各章習題也附列一些歷屆各大學研究所考古題，這些題目應用該章所介紹之內容皆可求解，足見本書雖然精簡，卻也不失厚重教科書的功能。

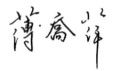

2004 年 5 月

義守大學

目　錄

第一章

統計基本概念

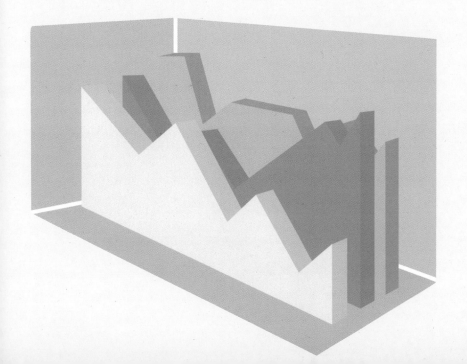

統計學（Statistics）是一門決策常使用的科學，他提供了蒐集、組織、分析及歸納各種數據資料的科學程序。

統計學的應用範圍非常廣泛，其應用範圍包括各種社會科學與自然科學。例如，政府機構可以利用統計學了解一般民意的反應；選舉時，各候選人用統計方法預測得票率；教育家可以藉此得知不同的教學方法之功效；心理學家可以憑此測知人類心理的特質；醫學研究者可以了解某種病因的影響情形。

統計學的一些基本概念

統計學中常常見到「母體」（Population）和「樣本」（Sample）等字樣，其意義說明於後。

統計學的目的在於研究問題，然後解決此問題。而欲達到研究的目的，必先蒐集相關的資料，若是所蒐集的資料，其所包含的範圍為全部有關的資料時，則此全部範圍稱之為「母體」。但是，通常我們可能限於時間或成本，無法調查全部母體，可以從其中具有代表性的一部分資料，加以調查，則此部分的資料，即稱之為「樣本」。

通常對於用來描述母體特徵的數，稱之為「母數」（Parameter），而用來說明樣本特徵的數，則稱之為「統計量」（Statistic）。常見的母數中的平均數 μ，母數的標準差 σ；其相對應的樣本統計量，平均數為 $\overline{X}$，樣本標準差為 S。

常用的各種統計量

2.1 集中趨勢統計量

能代表一組資料的數，常用的有「平均數」（Mean）以及「加權平均數」（Weight Mean）。

(1)平均數

將所有的樣本資料總合，除以樣本數，即為樣本平均數。例如，有 n 筆資料數據為 x_1，x_2，$\cdots$，x_n 則樣本平均數 $\overline{X}$ 為：

$$\overline{X} = \frac{x_1 + x_2 + \cdots + x_n}{n} \qquad (1.1)$$

【例 1】

為調查全班統計學的成績狀況，於全班中抽樣 10 位同學之成績如下：

80，75，60，83，72，70，55，80，92，78

試計算此 10 位同學統計學之平均成績。

解：

$$\Sigma x = 80 + 75 + 60 + 83 + 72 + 70 + 55 + 80 + 92 + 78$$
$$= 745$$

則 $\overline{X} = \frac{745}{10} = 74.5$

⑵加權平均數

如果每一個資料x_i之權重並不相同（所謂權重，是指重要程度之比例），則 n 個資料的平均數不應該都以 1/n 作為權重。

設有 n 個資料，其權重比例各為 w_1，w_2，w_3，…，w_n，則其加權平均數為：

$$\widetilde{X} = \sum_{i=1}^{n} w_i x \qquad (1.2)$$

【例 2】

某校教學每週國文課 5 小時、數學 7 小時、歷史 3 小時。

今有甲、乙兩學生，其成績如下：

甲生：國文 65 分、數學 70 分、歷史 30 分；

乙生：國文 60 分、數學 75 分、歷史 30 分；

試求此二位同學學業成績加權平均數。

解：

由於此三個科目每週教學時數並不相同，首先應將此三科授課時數總數相加：

$5+7+3=15$，

而國文科之授課時數加權為 $w_1 = \dfrac{5}{15}$

數學科之授課時數加權為 $w_2 = \dfrac{7}{15}$

歷史科之授課時數加權為 $w_3 = \dfrac{3}{15}$

因此，此二位學生之學業成績加權平均數各為：

$$\tilde{x}_{甲} = 65 \times \frac{5}{15} + 70 \times \frac{7}{15} + 30 \times \frac{3}{15}$$

$$= 60.3$$

$$\tilde{x}_{乙} = 60 \times \frac{5}{15} + 75 \times \frac{7}{15} + 30 \times \frac{3}{15}$$

$$= 61$$

2.2 離勢統計量

表達資料分散的情形，常常使用的統計量有：變異數（Variance）、標準差（Standard Deviation）和變異係數（Coefficient of Variation）。

(1)變異數

n 個資料 $x_1, x_2, \cdots, x_n$ 的變異（Variation）是指各 x_i 與 $\overline{X}$ 差距之平方和，以 Sxx 表示：

$$Sxx = \sum_{i=1}^{n} (x_i - \overline{X})^2 \qquad (1.3)$$

亦可證出

$$Sxx = \sum_{i=1}^{n} x_i^2 - n\overline{X}^2 \qquad (1.4)$$

而，變異數 S^2 即變異 Sxx 除以自由度（n－1），即

$$S^2 = \frac{\sum\limits_{i=1}^{n}(x_i - \overline{X})^2}{n-1}$$
$$= \frac{1}{n-1}\left[\sum_{i=1}^{n} x_i^2 - n\overline{X}^2\right] \qquad (1.5)$$

　　所謂自由度，是指可以自由活動的程度。例如，若無其他條件要求，對於 n 個數據可以有任意的 n 個決定的自由度。通常，若是既定有 k 個統計量，則 n 個數據之自由度為 n − k。因而，若已知 $\overline{X}$，則此 n 個數據，由於受到了 $\overline{X}$ 的限制，此時只能任意指定其中的 n − 1 個數據，也就是說，只有 n − 1 個自由度。因此，若是已知母體之平均數 μ，沒有統計量之限制，則自由度為 n，所求出的母體變異數為：

$$\sigma^2 = \frac{\sum\limits_{i=1}^{n}(x_i - \mu)^2}{n} \qquad (1.6)$$

【例 2】

　　試以例 1 之數據，計算樣本變異數 S^2。

解：

$$S^2 = \frac{1}{n-1}\left[\sum x_i^2 - n\overline{X}^2\right]$$
$$= \frac{1}{9}[6400 + 5625 + 3600 + 6889 + 5184 + 4900 + 3025$$
$$+ 6400 + 8464 + 6084 - 10 \times 74.5^2] = 118.72$$

(2)**標準差**

標準差之定義，就是變異數開根號，亦即

$$S = \sqrt{S^2} \qquad\qquad (1.7)$$

以例 3 而言，

$$S = \sqrt{118.72} = 10.896$$

(3)**變異係數**

對於不同單位的各種資料，所計算出變異數的大、小，不能就此作為變異程度之大、小，也不能用以作為離散程度之比較。

【例 3】

有 5 位同學之身高，分別以公分及公尺之記錄如下：

| 以公分計 | 175 | 180 | 165 | 170 | 172 |
| 以公尺計 | 1.75 | 1.80 | 1.65 | 1.70 | 1.72 |

試以兩種不同長度單位，計算此 5 位同學身高之變異數。

解：

設以公分計之身高變數為 X，以公尺計之身高變數為 Y，然後先求各變數之平均數：

$$\overline{X} = (175 + 180 + 165 + 170 + 172) \div 5 = 172.4$$

$$\overline{Y} = 1.724$$

$$Sxx = (175^2 + 180^2 + 165^2 + 170^2 + 172^2) - 5 \times (172.4)^2 = 125.2$$

$$Syy = (1.75^2 + 1.80^2 + 1.65^2 + 1.70^2 + 1.72^2) - 5 \times (1.724)^2$$
$$= 0.01252$$

同理，$S_x^2 = 125.2 \div 4 = 31.3$

$$S_y^2 = 0.01252 \div 4 = 0.00313$$

從這個例子可以看出，同樣的一件事，如果所使用的單位不同，其變異數所得的結果竟然會有 10000 倍之差距，因此，對於不同單位之變異情形，宜以「變異係數」計算之。變異係數之定義為：

$$C.V = \frac{S}{\overline{X}} \times 100 \qquad (1.8)$$

再以變異係數計算本例：

$$C.V_x = \frac{\sqrt{31.3}}{172.4} \times 100 = 3.245$$

$$C.V_y = \frac{\sqrt{0.00313}}{1.724} \times 100 = 3.245$$

此時可以看出，對於同樣的一件事情，即使不同單位之衡量，以變異係數就可以表現出相同的變異情形。

標準分數

　　所謂的標準分數（Standard Score），是將原來的數據轉換成標準值的一種方法，最常用的是「Z分數」（Z-Score）。

　　所謂 Z 分數，是將原始數據減去平均數，再除以標準差，所得出的數據稱之為Z分數。Z分數之功用為：對於不同單位的兩組數據，應先化成Z分數，才可加以比較。原始分數轉化成Z分數之後，可以相互加減運算，並能比較數值之大、小。

　　Z分數轉換之方法為：

3.1 母體資料

$$Z = \frac{x - \mu}{\sigma} \qquad (1.9)$$

3.2 樣本資料

$$Z = \frac{x - \overline{X}}{S} \qquad (1.10)$$

【例4】

　　假設某項考試，甲、乙二人參加應試。但是甲生選考統計學，分數85分，該場考試之統計學平均分數80分，

標準差 10 分；乙生選考微積分，考試分數 55 分，該場考試之微積分平均分數 48 分，標準差 5 分。若以成績較優者錄取一人，則此二人之成績何者較優？

解：

此二人所選考之科目不同，兩科目之難易度不同、評分標準也不相同，若要做比較，應先化成標準分數：

$$Z_甲 = \frac{85 - 80}{10}$$
$$= 0.5$$
$$Z_乙 = \frac{55 - 48}{5}$$
$$= 1.4$$

由於 $1.4 > 0.5$，故知乙生之成績較優於甲生。

【例 5】

某班考試，共考三科，甲、乙二生之三科成績及全班成績平均數和標準差記錄為：

甲生：國文 80 分、英文 40 分、數學 60 分；

乙生：國文 90 分、英文 80 分、數學 30 分；

全班：國文平均分數 80 分、標準差 5 分；英文平均分數 50 分、標準差 5 分；數學平均分數 40 分、標準差 10 分。

試問：甲、乙二生，何者之成績較優？

解：

先將甲、乙二生之三科成績分別以標準分數表示，則

甲生：

$$Z_{國文} = \frac{80-80}{5} = 0$$

$$Z_{英文} = \frac{40-50}{5} = -2.0$$

$$Z_{數學} = \frac{60-40}{10} = 2.0$$

則，甲生之標準分數總分為：

$$Z_{甲} = 0 - 2.0 + 2.0 = 0$$

乙生：

$$Z_{國文} = \frac{90-80}{5} = 2.0$$

$$Z_{英文} = \frac{80-50}{5} = 6.0$$

$$Z_{數學} = \frac{30-40}{10} = -1.0$$

則，乙生之標準分數總分為：

$$Z_{乙} = 2.0 + 6.0 - 1.0 = 7.0$$

因此，由標準成績總分可以判定乙生之總成績優於甲生。

習 題

1. 台灣地區 82 年度，每月嬰兒死亡人數，記錄如下表：

月份	男嬰死亡人數	女嬰死亡人數
1	90	66
2	80	78
3	75	70
4	80	65
5	64	60
6	73	70
7	60	72
8	74	72
9	79	65
10	63	62
11	85	75
12	84	70

試計算男嬰與女嬰之死亡平均數及變異數。

2. 同第 1 題，試求男嬰及女嬰每月死亡數之標準差。

3. 甲班有男生 25 名，統計學平均成績 70 分，標準差 5 分；女生有 35 名，統計學平均成績 73 分，標準差 6 分。試求全班統計學之平均成績及標準差。

4. 章同學之各科成績以及每週上課時數如下：

科目	每週上課時數	成績
國文	5	88
英文	5	70
統計學	3	65
微積分	6	62

試求章同學之成績加權平均數。

5. 假設某一班的 60 名學生，分組討論分為 3 組，其人數及各組之統計學成績如下：

甲組：18 人，平均分數 85 分，變異數 5 分；

乙組：20 人，平均分數 81 分，變異數 4 分；

丙組：22 人，平均分數 78 分，變異數 4 分。

試求：

(1)該班全體成績之平均數；

(2)若視該班為一母體，試求其統計學成績變異數；

(3)若該班為一抽樣之樣本，試求其統計學成績之變異數。

6. 某一班的 60 名學生之統計學平均成績 65 分，其中男生占 35 名，男生之統計學平均數為 60 分，試問全班女生統計學之平均成績為何？

7. 假設有甲、乙、丙等三位口試委員，分別對於A、B、C、D 四位考生評分，其成績如下：

		口　試　委　員		
		甲	乙	丙
考	A	80	90	62
	B	80	50	75
生	C	80	78	65
	D	80	45	58

試問：

⑴甲、乙、丙三位委員，何人之變異最大？

⑵甲、乙、丙三位委員，何人之評分最有影響力？

⑶A、B、C、D四位考生，其成績名次如何？

8. 某辦公室同仁，其中有 10 人投資股票，一年內獲利如下（%）：

10.0　　25.0　　−1.5　　15.2　　14.5

16.2　　−25.2　　−12.2　　21.5　　22.9

另有 5 位同仁將錢存放於銀行，一年之利率為 8%。

試問：

⑴投資股票之獲利平均數及標準差為何？

⑵存放銀行之獲利平均數及標準差為何？

⑶以上兩種投資、存款方式，何者獲利較高？又何者風險較大，如何評估？

9. 隨機抽樣 50 筆資料，計算出平均數為 100，變異數為 5。但是，事後發覺原先的資料有誤，誤將其中的一筆資料，正確的應該是 3，卻因記錄錯誤而寫成 5。

試問：此 50 筆資料正確的平均數及變異數為何？

10. 王同學參加三次大學聯考，每次參加考試之總平均成績、

標準差，以及王同學之成績記錄如下：

考試次別	王同學成績	總平均成績	標準差
1	80	82	5
2	65	60	10
3	85	87	4

試問：

(1)以標準化分數來看，王同學在這三次的考試之中，哪一次表現最好？

(2)若以變異係數比較之，此三次考試，哪一次成績最優？

11.隨機抽取 15 位同學之期中考英文成績如下：

50，38，80，76，84，52，91，25，36，65，54，56，81，68，54

(1)試求這些同學成績之平均數。

(2)試求這些成績之變異數及標準差。

12.王同學之期末考成績以及各科目之學分數如下：

	成績	學分數
統計學	52	3
英 文	62	3
微積分	25	3
會計學	80	5

試求王同學成績之加權平均數。

13. How is the formula for the variance affected if a body of data is a sample rather than a population?

(a)The variance is used for population data and the standard deviation is used for sample data.

(b)The squared deviation for the measurements from the mean are divided by $(n-1)$ for a sample and divided by n for a poplulation.

(c)The squared deviations are used for a sample and the square roots are used for poplulation data.

(d)There is no difference in formulas.

(e)None of the above.　　　　　　　　　　　【86 交大科管】

14. 以下是學生每天使用電腦時數之次數分配：

時間	次數
20-39	2
40-59	4
60-79	6
80-99	4
100-119	2

試問其平均數（Mean）及標準差（Standard Deviation）為何？

15. 某一試驗測定樣本大小為 5，其資料分別是：12、14、14、16、16。試計算其算術平均數及標準差。

16. 假設一母體有五個數值：1、2、3、4、5。試求算變異數、標準差、變異係數，若將此母體標準化後此五個數值各為何？　　　　　　　　　　　　　【逢甲都計研究所】

17. 試說明在比較兩組資料的離散程度時，用兩組資料個別的

標準差（Standard Deviation）大小來比較和用兩組資料個別的變異係數（Coeffiecient of Variation）大小來比較，何者較有意義？

第二章

常態機率分配

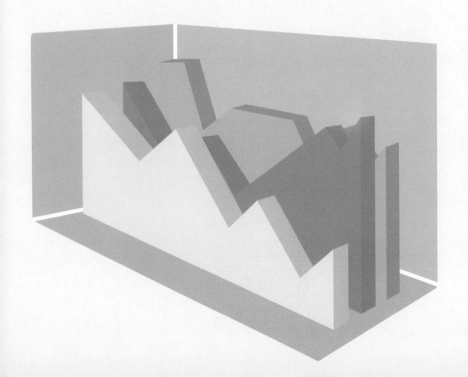

　　機率分配有很多種，為了不使讀者失去了興趣，本章僅只介紹在「管理」或「人文、社會」科學經常應用到的機率分配——常態分配。本章僅介紹常態分配的應用部分，對於一些理論性的內容，就儘量不提，當然這種安排必定會失去了許多深奧的精髓，因此，讀者們先將本章的機率基礎學會之後，也就是對於「機率學」有了基本的認識之後，再學習「統計學」就會事半功倍，若是覺得還有不足之處，可繼續參閱本書末所附之參考書籍。

常態分配之特性

　　常態分配（Normal Distribution）在統計學上，占有相當重要的地位，其函數之圖形呈現像一座鐘似的曲線（見圖2-1）。常態曲線首先由法國數學家De Moivre於1773年所提出，茲後又經過高斯（Carl Gauss）於1777年再加精研調整，最後推出今日所見的曲線方程式，因而，常態分配也常有人稱之為高斯分配（Gauss Distribution）。

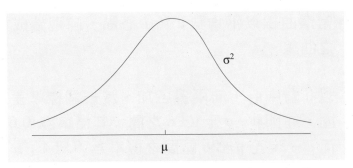

圖 2-1　常態曲線，平均數 μ，變異數 σ^2

　　常態分配之功能，可應用在許多自然界現象、應用在工業生產、商業問題以及各種人文社會科學的問題。除此之外，尤其重要的是：吾人對於許多所欲研究的資料數據，無法掌握其真正的分配，但若經過一些調整之後，這些無名的分配就可用常態分配取其近似值；尤其當樣本夠大的時候，樣本平均數之統計量，呈現近於常態分配，因此，用常態分配解決機率上的問題，效果相當良好，其詳細作法將於抽樣理論再提到。

　　常態分配之公式為：

$$f(x) = \frac{1}{\sqrt{2\pi}\sigma} e^{-\frac{(x-\mu)^2}{2\sigma^2}} \, , \, -\infty < x < \infty \qquad (2.1)$$

式中之 μ 與 σ 分別為常態分配之平均數與標準差，x 表示常態隨機變數。通常，常態分配以符號 $N(\mu, \sigma^2)$ 表示，由圖（2-1）也可看出常態曲線是一個以中央軸線為準，向左、右兩端下降緩延之曲線，而且左、右對稱之圖形。常態曲線還有以下特性：

1.1　常態曲線以平均數 μ 為中心點，向兩端成對稱之曲線

1.2　以 μ 為中心，向兩邊各加、減一個標準差之範圍，亦即 $\mu - \sigma$ 至 $\mu + \sigma$ 之間，其機率為 0.683；而 $\mu - 2\sigma$ 至 $\mu + 2\sigma$ 區間之機率為 0.954；$\mu - 3\sigma$ 至 $\mu + 3\sigma$ 區間之機率為 0.997。其說明如圖 2-2

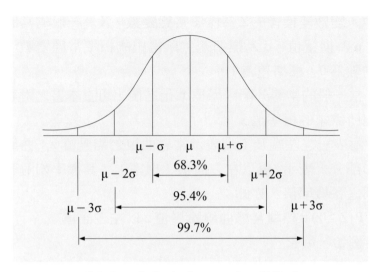

圖 2-2　常態曲線下 $\mu \pm k\sigma$ 間機率

標準常態分配

由（2.1）式之常態分配公式可看出，以該公式之積分求機率非常困難，為解決此一困難問題，統計學家發展出「標準常態分配」，亦即，先將一般的常態變數經過轉換，變化成為「標準值」，原來的常態變數即化成了「標準常態變數」，遇到計算機率問題時，只要查「標準常態機率表」即可（見本書之附表一），不必再辛苦地積分求解，應用起來非常方便。上述的變數變換過程，稱之為「標準化」（Normalized），其變換公式為：

$$Z = \frac{X - \mu}{\sigma} \qquad (2.2)$$

式中，變數變換後的 Z 為標準常態變數，X 為一般的常態變數，μ 為期望值，σ 為標準差。所得出的標準常態變數，其平均數為 0，標準差為 1。

當一般的常態分配經過標準化之後，可查本書之附表一找出所欲求的機率值。

附表一之左端及上端表示常態曲線之臨界值 z；曲線下陰影部分，表示 z 值以左之面積（機率），其機率如附表一內部之各機率值，亦即：

$P(Z \leq z) =$ 標準常態曲線臨界值 z 以左之面積

例如，欲求

$\Pr(Z \leq 1.06)$，則從附表一左端找到 1.0，然後從該表之上端再找到 6，此即臨界值 1.06，由 1.0 之列與 6 之行，所相交之數值，即為所求之機率，亦即

$\Pr(Z \leq 1.06) = 0.8554$

z	···	6	···
⋮		⋮	
1.0		.8554	

若欲求區間 [a, b] 之機率，則

$\Pr(a \leq Z \leq b) = \Pr(Z \leq b) - \Pr(Z \leq a)$

例如　$\Pr(-1.24 \leq Z \leq 2.25) = \Pr(Z \leq 2.25) - \Pr(Z \leq -1.24)$
$$= 0.9878 - 0.1075$$
$$= 0.8803$$

z	… 4 …
⋮	⋮
−1.2	.1075
⋮	⋮

z	… 5 …
⋮	⋮
2.2	.9878
⋮	⋮

有些書，其標準常態機率表，只列出$\Pr(Z \geq 0)$的部分，若是欲求 $Z \leq 0$ 之機率問題，則可由標準常態之特性：以 0 為中心，左、右兩端為對稱，從右端之機率找出左端之對應機率：

【例 1】

設 $X \sim N(5, 2^2)$，試求 $P(X \leq 3)$。

解：

為求機率，首先將常態變數 X，轉化成標準常態變數 Z，即

$$P(X \leq 3) = P\left(\frac{X-5}{2} \leq \frac{3-5}{2}\right)$$
$$= P(Z \leq -1)$$
$$= 0.1587$$

上述之常態隨機變數X機率圖，以及變數變換後，所轉化為標準常態機率圖，兩者之關係，如圖（2-3）及圖（2-4）所示：

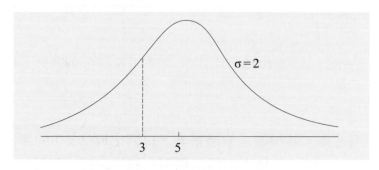

圖 2-3　常態變數 X 之曲線

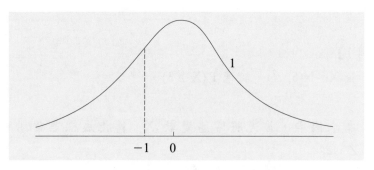

圖 2-4　標準常態變數 Z 之曲線

從本書附表一，所查出的臨界值 z＝－1.0，所對應表內之機率值為 0.1587，此即圖（2-5）左邊斜線陰影部分之機率。

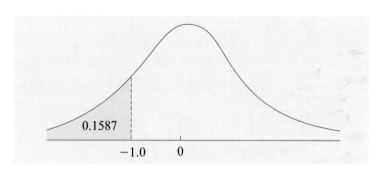

圖 2-5 標準常態值 z＝－1.0 之機率

查附表一之說明，如下表：

表 2-1 查表法求 $\Pr(Z \leqq -1.0)$

Z	0	1	2	3	⋯	9
－3.0						
⋮	⋮					
－1.0	0.1587					
⋮	⋮					

【例 2】

　　試求 $\Pr(Z \geqq 1.38)$。

解：

　　由下圖常態之對稱性，可看出大於臨界值 1.38 之機率與
小於－1.38 之機率相等。

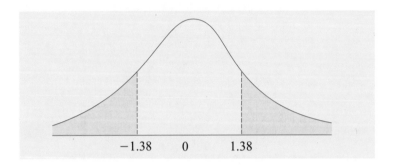

故知，$\Pr(Z \geqq 1.38) = \Pr(Z \leqq -1.38) = 0.0838$

【例3】

　　試計算 $\Pr(-0.18 \leqq Z \leqq 2.60)$。

解：

　　由附表一，查出

　　$\Pr(Z \leqq -0.18) = 0.4286$

　　$\Pr(Z \leqq 2.60) = 0.9953$

　　再由下圖可看出

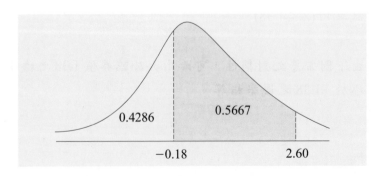

$$Pr(-0.18 \leqq Z \leqq 2.60) = Pr(Z \leqq 2.60) - Pr(Z \leqq -0.18)$$
$$= 0.9953 - 0.4286 = 0.5667$$

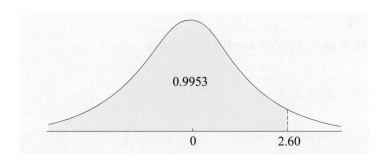

【例 4】

試求 $Pr(Z \leqq -2.1$ 或 $Z \geqq 1.8)$。

解：

由下圖可知，$(Z \leqq -2.1)$ 與 $(Z \geqq 1.8)$ 為互斥事件，其機率為相加。

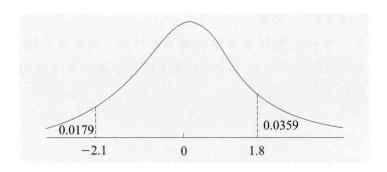

$$Pr(Z \leqq -2.1 \text{ 或 } Z \geqq 1.8) = Pr(Z \leqq -2.1) + Pr(Z \geqq 1.8)$$

$$= \Pr(Z \leqq -2.1) + \Pr(Z \leqq -1.8)$$
$$= 0.0179 + 0.0359 = 0.0538$$

【例 5】

　　試求滿足 $\Pr(Z \geqq z) = 0.8461$ 之 z 值。

解：

　　由下圖可看出

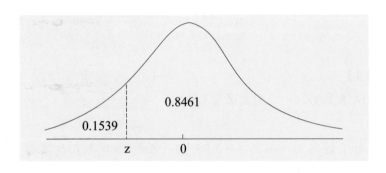

　　$\Pr(Z \geqq z) = 0.8461$，此即相當於

　　$\Pr(Z \leqq z) = 0.1539$

　　查附表一，先找出表內之機率 0.1539，再對應左邊 z 值之小數點後第一位 -1.0，以及上端之小數點第二位 0.02，則知 z = -1.02

【例 6】

　　試找出滿足 $\Pr(-z \leqq Z \leqq z) = 0.95$ 之 z 值。

解：

　　根據常態曲線對稱之特性可知

$\Pr(Z \le -z) = \Pr(Z \ge z) = 0.025$

因此，$-z = -1.96$

所以，$z = 1.96$

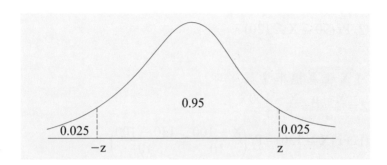

【例7】

　　試找出滿足 $\Pr(-z \le Z \le z) = 0.90$ 之 z 值。

解：

　　由常態曲線對稱之特性可知 $\Pr(Z \le -z) = 0.025$

　　但是從附表一中，找不到完全符合機率為 0.1000 之 z 值，

　　但是可查出

　　$\Pr(Z \le -1.28) = 0.1003$

　　$\Pr(Z \le -1.29) = 0.0985$

　　因此，使用內插法，亦即各值與各機率之間成等比例：

　　$\dfrac{-1.28}{0.1003} = \dfrac{z}{0.1000} = \dfrac{-1.29}{0.0985}$，則

　　$\dfrac{z - (-1.29)}{0.1 - 0.0985} = \dfrac{-1.28 - (-1.29)}{0.1003 - 0.0985}$，則

　　$z + 1.29 = \dfrac{0.0015 \times 0.01}{0.0018}$

　　故知 $z = -1.2817$

【例 8】

設一常態隨機變數 X，其平均數 $\mu = 100$，標準差 $\sigma = 10$，試求：

(1) $\Pr(X \leqq 130)$。

(2) $\Pr(90 \leqq X \leqq 120)$。

解：

將 X 化為標準常態，即

$$Z = \frac{X - \mu}{\sigma} = \frac{X - 100}{10}$$

$$(1)\ \Pr(X \leqq 130) = \Pr\left(\frac{X - 100}{10} \leqq \frac{130 - 100}{10}\right)$$

$$= \Pr(Z \leqq 3)$$

$$= 0.9987$$

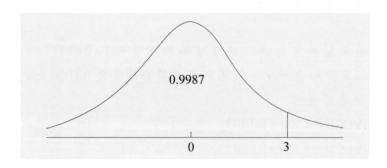

$$(2)\ \Pr(90 \leqq X \leqq 120) = \Pr\left(\frac{90 - 100}{10} \leqq Z \leqq \frac{120 - 100}{10}\right)$$

$$= \Pr(-1 \leqq Z \leqq 2)$$

$$= \Pr(Z \leqq 2) - \Pr(Z \leqq -1)$$

$$= 0.9772 - 0.1587$$

$$= 0.8185$$

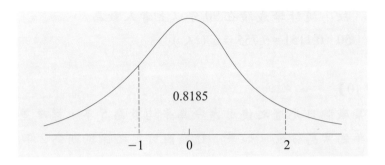

【例 9】

某班之統計學期末考試，參加應試者 50 人，考試成績
近於常態分配，且全班平均成績 78 分，標準差 10 分，
試求：

(1)全班成績在 60 至 80 分之間的人數。

(2)全班成績在 90 分以上之人數。

解：

設 X 為代表統計學成績之隨機變數，則 $X \sim N(78, 10^2)$，
則

(1) $Pr(60 \leqq X \leqq 80) = Pr\left(\dfrac{60-78}{10} \leqq Z \leqq \dfrac{80-78}{10}\right)$

$\qquad\qquad\qquad\quad = Pr(-1.8 \leqq Z \leqq 0.2)$

$\qquad\qquad\qquad\quad = Pr(Z \leqq 0.2) - Pr(Z \leqq -1.8)$

$\qquad\qquad\qquad\quad = 0.5793 - 0.0359 = 0.5434$

　　故 60 至 82 分之學生人數 $= 50 \times 0.5434 = 27.17 \doteqdot 27$

(2) $Pr(X > 90) = Pr\left(Z > \dfrac{90-78}{10}\right)$

$\qquad\qquad\quad = Pr(Z > 1.2)$

$\qquad\qquad\quad = Pr(Z < -1.2) = 0.1151$

故，統計學成績在 90 分以上者人數為

$50 \times 0.1151 = 5.755 \doteqdot 6$（人）

【例 10】

某廠牌日光燈之使用壽命為平均數為 5 年，標準差為 1 年的常態分配。如果，該廠商訂定之保證期為 2 年，則該廠退貨之比例為多少？

解：

若是買到一支日光燈，使用了不到 2 年就故障，就可要求退貨，設 X 為日光燈之壽命，故本例之退貨率是求

$$\Pr(X < 2) = \Pr\left(Z < \frac{2-5}{1}\right)$$
$$= \Pr(Z < -3)$$
$$= 0.0013$$

【例 11】

某工廠每日生產之件數近於常態分配，已知平均每日生產 1000 件，而且每日生產量超過 1200 件之機率為 0.15。試問該廠生產量之標準差為何？

解：

設 X 為工廠每日生產量之隨機變數，已知 $\mu = 1000$，故依題意

$$\Pr(X > 1200) = \Pr\left(Z > \frac{1200 - 1000}{\sigma}\right) = 0.15$$

或 $\Pr\left(Z < -\dfrac{1200 - 1000}{\sigma}\right) = 0.15$

故知 $-\dfrac{1200 - 1000}{\sigma} = -1.037$

則，$\sigma = \dfrac{200}{1.037} = 193$（件）

習 題

1. 利用標準常態機率表試求：

   (1) $\Pr(Z \leqq 1.645)$；

   (2) $\Pr(-1.645 \leqq Z \leqq 1.645)$；

   (3) $\Pr(Z \geqq 1.645)$；

   (4) $\Pr(-1.96 \leqq Z \leqq -1.25)$。

2. 試求下列之 z 值：

   (1) $\Pr(Z \leqq z) = 0.0401$；

   (2) $\Pr(Z \geqq z) = 0.95$；

   (3) $\Pr(-z \leqq Z \leqq z) = 0.95$。

3. 設 X 為常態隨機變數，其平均數 $\mu = 5$，標準差 $\sigma = 4$，試求：

   (1) $\Pr(X < 12)$；

   (2) $\Pr(X > -12)$；

   (3) $\Pr(-3 < X < 6)$；

   (4) $\Pr(-3 \leqq X \leqq 6)$。

4. 設某年聯考人數 10000 人，考試成績近於常態分配，其平均數 250 分，標準差為 30 分，試求滿足以下條件者之人數：

   (1) 300 分以上者人數。

   (2) 未滿 200 分之人數。

   (3) 150 分以上、280 分以下之人數。

5. 設一常態隨機變數 X，若 $\Pr(X < 12) = 0.9210$、$\Pr(X < -5) = 0.0125$。試求此常態分配之「期望值」及「標準差」，並

計算 Pr $(-3 < X < 8) = $？

6. 廠商宣稱其產品之壽命為 10 年，標準差為 2 年，而且產品壽命近於常態分配，試求：

　(1)某一產品之使用壽命低於 8 年之機率為何？

　(2)某一產品使用之壽命在 5.5 年至 13.5 年之間的機率為何？

　(3)若是此產品之保固期為 2 年，試問該廠商之賠償機率為何？

7. 甲生的微積分成績 55 分，乙生的統計學成績 72 分，是否可認為乙生之程度高於甲生？如若不是，應該如何比較？

8. 某研究所入學考試，選考微積分者其平均分數為 32 分，標準差為 12 分；選考統計學者，其平均數 63 分，標準差為 5 分。張同學選考微積分得分 55 分，李同學選考統計學得分 72 分，試問張、李兩位同學，何人之入學成績較高？

9. 若 X ~ N(60, 49)，試求：

　(1) Pr $(X - 60 < 10) = $？

　(2) Pr $(X - 40 < 5) = $？

　(3) Pr $(X - 60 < a) = 0.90$，求 a 值？

10. 某測驗之平均分數 75 分，標準差 10 分，且成績之分佈為常態分配。若此次測驗之 5% 為 A 等，試求成績 A 等之最低分。

11. Suppose that the amount of time it takes the IRS to send refunds to taxpayers is normally distributed with a mean of 12 weeks and a variance of 9.

　(a)What proportion of refunds will be sent more than 15 weeks after the IRS receives the tax return?

(b)How long will it take before 90% of taxpayers get their refunds?

【政大金融】

12. Which of the following statements about probability distribution is/are true?

(a)Let X be a uniform random variabale defined on the interval [0,10].

The mean of X is 5 and the variance is 10.

(b)Let X be uniform random variabale defined on the interval [2, 6].

Then $P(X=4)=P(X \le 4)-P(X \le 3)$.

(c)Let X be a normal random variable with mean 10 and variance 16.

Then $P(10 \le X \le 3)=P(7 \le X \le 10)$.

(d)Let X be a standard normal random variable.

Then $P(X>-2)=0.5+P(0 \le X \le 2)$.

(e)If z_0 is the value such that $P(0 \le Z \le z_0)=0.4$, then $P(Z \le z_0)=0.9$ and $P(Z \le z_0)=0.1$.

第二章

抽樣與抽樣分配

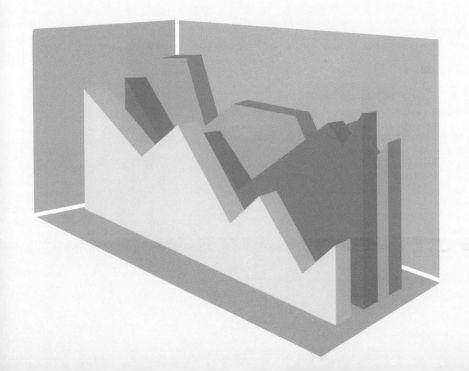

當所欲研究的資料太龐大，或是無法普遍的研究、調查時，就可以藉助抽樣調查的方法。抽樣調查雖然可以減少許多作業上的人力、物力和時間，但是此一抽樣調查是否能夠代表真正的「母體」？是否能夠表現出和普查相等的功能？還要看是否做到了以下條件：

(1)抽樣是否公平、公正，是否能表現出母體的特徵？

(2)抽樣之後，應用何種統計上的技術推論母體的狀況？

前文已經敘述，統計學的一大功能，就是「推論」及「估計」，亦即從抽樣的結果推論及母體的情形。最能夠說明母體特性的「母數」，常見的有平均數 μ 以及標準差 σ，以抽樣的結果可以用樣本平均數 $\overline{X}$ 作為母數 μ 之估計，又以樣本標準差 S 作為母數 σ 之估計，此種估計稱之為「點估計」；若是以一個區間範圍作為估計，則稱之為「區間估計」。

設若母體是某種機率分配，則抽樣分配與母體分配之間具有某些關係，根據這些關係，即可得到統計學上的推論或估計的基本理論。

抽樣之基本概念

為了獲得所欲研究對象的資料，常常可以使用抽樣的方法，取得足以代表研究範圍的數據，然而抽樣的方法和種類並非信手拈來，而是需要認真、縝密地進行。

1.1　抽樣的意義和方法

從母體中抽出樣本的過程和方法，此即所謂的抽樣（Sam-

pling）。抽樣過程中，特別要注意的是，使用正確的抽樣方法，以及控制人為不當的誤差。

⑴抽樣方法

抽樣方法可分為「隨機抽樣」（Random Sampling）以及「立意抽樣」（Purposive Sampling）。隨機抽樣係完全隨機性，每一樣本被選出的機會完全相等，亦即不受人為的影響與操作，所選出的樣本足以代表母體的特徵。而立意抽樣又稱為非隨機抽樣，此種抽樣係根據研究者個人的主見，決定選取哪些樣本，此種抽樣並不能表現客觀性。

⑵抽樣誤差

在蒐集資料過程中，可能發生兩種誤差：其中由於隨機性所產生的誤差，稱之為抽樣誤差（Sampling Error），此種誤差是隨機出現的，是無可避免的誤差；另外一種誤差，稱之為非抽樣誤差，亦即在抽樣過程之外所產生的誤差，譬如問卷設計設計不當、調查人員的訓練不足、資料的計算錯誤等，這種錯誤並非必然存在的，只要小心、謹慎，運用方法得當，就可以消除此種誤差。

抽樣分配的基本概念

從抽樣的樣本中，得到某些特徵，用這些樣本的特徵推論母體之特徵，此為統計推論之重要功能之一。

統計推論之過程，並非直接由樣本的統計量推論母數，

而是先由統計量作成「抽樣分配」，再由抽樣分配之特徵推論母體的特徵。

所謂統計量（Statistic），是指樣本數據的函數。例如，從母體中隨機抽取樣本隨機變數 x_1，x_2，$\cdots$，x_n，則樣本總合 $\sum\limits_{i=1}^{n} X_i$，或是樣本平均數

$$\overline{X} = \frac{\sum\limits_{i=1}^{n} x_i}{n} \qquad (3.1)$$

這兩個都是統計量的一種，只不過，我們常用 $\overline{X}$ 作為母體平均數 μ 的點估計，而且在檢定及估計上另有許多功用，所以常常會出現在統計學之中。另外還有一個常用的統計量就是 S^2，

$$S^2 = \frac{\sum\limits_{i=1}^{n} (x_i - \overline{X})^2}{n-1} \qquad (3.2)$$

此 S^2 為母體變異數 σ^2 之點估計。

由於 x_1，x_2，$\cdots$，x_n 為隨機變數，因此上述的兩個統計量，也是一種隨機變數，也將會滿足於某種機率分配。

抽樣分配

所謂抽樣分配（Sampling Distribution），係指由母體中以

相同的樣本數，所抽出之樣本所構成統計量的「機率分配」。各種統計量之中，最常見到的是，樣本平均數和變異數之抽樣分配。

3.1　樣本平均數之抽樣分配

假設任意分配之母體，其平均數為 μ，變異數為 σ^2，自該母體中隨機抽取 n 個互相獨立之樣本，設為 x_1，x_2，$\cdots$，x_n，其樣本平均數為：

$$\overline{X} = \frac{\sum x_i}{n}$$

則，當 n 夠大時（n ≥ 30），$\overline{X}$ 之期望值為 μ，亦即 $E(\overline{X}) = \mu$，$V(\overline{X}) = \sigma^2/n$。如果母體之個數為 N，抽樣個數 n 不夠大，則，

$$E(\overline{X}) = \mu$$
$$V(\overline{X}) = \frac{N-n}{N-1} \times \frac{\sigma^2}{n} \tag{3.3}$$

將 $V(\overline{X})$ 開根號，即 $\sigma_{\overline{x}} = \sqrt{V(\overline{X})}$ 稱之為「標準誤」（Standard Error）。

【例 1】
設全體人類身高之標準差為 10 公分，今抽樣 n 個人，記錄其身高，求以下各種情形之標準誤：
(1) 當 n = 25 時，求標準誤。

(2)當 n＝100 時，求標準誤。

(3)當 n＝3600 時，求標準誤。

(4)由以上(1)、(2)、(3)三子題之結果，可看出何種關係？

解：

已知 $\sigma_x = 10$，則

(1) n＝25，$\sigma_{\bar{x}} = \sigma_x / \sqrt{25} = 10/5 = 2$

(2) n＝100，$\sigma_{\bar{x}} = \sigma_x / \sqrt{100} = 1$

(3) n＝3600，$\sigma_{\bar{x}} = \sigma_x / \sqrt{3600} = 0.1667$

(4)由以上(1)、(2)、(3)計算結果可看出，抽樣數 n 愈大，其標準誤愈小。

中央極限定理

中央極限定理：當樣本數夠大時（$n \geq 30$），不論母體之機率分配為何，$\bar{X}$ 之抽樣分配近於常態分配。

由中央極限定理可知，任意機率分配之母體，其平均數為 μ，變異數為 σ^2，自母體中隨機抽樣 n 個樣本 x_1，x_2，…，x_n，當 $n \geq 30$ 時，樣本平均數 $\bar{X}$ 之抽樣分配為：

$$\bar{X} \sim N(\mu, \sigma^2/n) \qquad (3.4)$$

亦即，$\bar{X}$ 之機率分配為常態分配，其平均數為 μ，變異數為 σ^2/n。

【例2】

設有一任意機率分配之母體,其平均數 $\mu=50$,標準差 $\sigma=10$,今自該母體隨機抽樣 $n=49$ 個樣本,則

(1)試求 $\overline{X}$ 之期望值及變異數。

(2)試求 $\Pr(\overline{X}<52)=$?

(3)試求 $\Pr(\overline{X}>45)=$?

(4)試求 $\Pr(48<\overline{X}<53)=$?

解:

(1) $E(\overline{X})=\mu=50$

$V(\overline{X})=\sigma^2/n=100/49=2.041$

(2) $\Pr(\overline{X}<52)=\Pr\left(\dfrac{\overline{X}-\mu}{\sigma/\sqrt{n}}<\dfrac{52-50}{10/7}\right)$

$=\Pr(Z<1.4)$

$=0.9192$(查本書附表一)

(3) $\Pr(\overline{X}>45)=\Pr\left(\dfrac{\overline{X}-\mu}{\sigma/\sqrt{n}}>\dfrac{45-50}{10/7}\right)$

$=\Pr(Z>-3.5)$

$\doteqdot 1.0$

(4) $\Pr(48<X<53)=\Pr\left(\dfrac{48-50}{10/7}<\dfrac{\overline{X}-\mu}{\sigma/\sqrt{n}}<\dfrac{53-50}{10/7}\right)$

$=\Pr(-1.4<Z<2.1)$

$=\Pr(Z<2.1)-\Pr(Z<-1.4)$

$=0.9821-0.0808$

$=0.9013$

常態母體樣本平均數之抽樣分配

　　若是母體為常態分配，則不論抽樣個數為何，抽樣分配必為常態分配，此時就不必再借用中央極限定理來處理機率上的問題了。

5.1　單一常態母體平均數之抽樣分配

　　設母體分配為常態分配，平均數 μ，變異數 σ^2，隨機抽樣n個樣本，x_1，x_2，$\cdots$，x_n，則樣本平均數 $\overline{X}$ 之抽樣分配為常態分配，亦即

$$\overline{X} \sim N(\mu, \sigma^2/n) \qquad (3.5)$$

【例3】

　　某校學生之身高滿足常態分配，其平均數 $\mu = 165$ 公分，標準差 $\sigma = 4$ 公分，自全校隨機抽樣 25 人，試求：

(1) $E(\overline{X})$，$V(\overline{X})$。

(2) $Pr(\overline{X} < 167)$。

(3) $Pr(164 < \overline{X} < 166.5)$。

(4) $Pr(\overline{X} > 162)$。

解：

　　由於母體為常態分配，抽樣數不必為大樣本，樣本平均數之抽樣分配也是常態分配。

(1) $E(\overline{X}) = \mu = 165$

$$V(\overline{X}) = \sigma^2/n = 16/25 = 0.64$$

$$(2)\ Pr(\overline{X} < 167) = Pr\left(\frac{\overline{X} - \mu}{\sigma/\sqrt{n}} < \frac{167 - 165}{4/5}\right)$$

$$= Pr(Z < 2.5)$$

$$= 0.9938$$

$$(3)\ Pr(164 < \overline{X} < 166.5) = Pr\left(\frac{164 - 165}{4/5} < \frac{\overline{X} - \mu}{\sigma/\sqrt{n}} < \frac{166.5 - 165}{4/5}\right)$$

$$= Pr(-1.25 < Z < 1.875)$$

$$= Pr(Z < 1.875) - Pr(Z < -1.25)$$

$$= 0.9696 - 0.1056$$

$$= 0.8640$$

$$(4)\ Pr(\overline{X} > 162) = Pr\left(\frac{\overline{X} - \mu}{\sigma/\sqrt{n}} < \frac{162 - 165}{4/5}\right)$$

$$= Pr(Z > -3.75)$$

$$\doteq 1$$

常態母體兩樣本平均數差之抽樣分配

設有兩個互相獨立的常態母體，其期望值各為 μ_1 及 μ_2；變異數各為 σ_1^2 及 σ_2^2。從這兩個母體中，各抽樣 n_1 及 n_2 個樣本，分別為：

$$x_1 , x_2 , \cdots , x_{n_1} , \text{以及}$$
$$y_1 , y_2 , \cdots , y_{n_2}$$

則此二組樣本平均數之差 $\overline{X} - \overline{Y}$，其抽樣分配為常態分配，且

$$E(\overline{X} - \overline{Y}) = \mu_1 - \mu_2$$

$$V(\overline{X} - \overline{Y}) = \frac{\sigma_1^2}{n_1} + \frac{\sigma_2^2}{n_2}$$

亦即,

$$\overline{X} - \overline{Y} \sim N\left(\mu_1 - \mu_2, \frac{\sigma_1^2}{n_1} + \frac{\sigma_2^2}{n_2}\right) \tag{3.6}$$

【例 4】

設兩互相獨立之常態母體,分別為:

x_1,x_2,$\cdots$,$x_{n_1} \sim N(20, 16)$

y_1,y_2,$\cdots$,$y_{n_2} \sim N(18, 15)$

自兩母體中,各抽樣 $n_1 = 25$,$n_2 = 20$ 個樣本,試求:

(1) $\Pr(\overline{X} - \overline{Y} > 0) = $?

(2) $\Pr(\overline{X} - \overline{Y} < 3) = $?

解:

$\overline{X} - \overline{Y}$ 為常態分配,其期望值為 $\mu_1 - \mu_2 = 20 - 18 = 2$,

變異數為 $\dfrac{\sigma_1^2}{n_1} + \dfrac{\sigma_2^2}{n_2} = \dfrac{16}{25} + \dfrac{15}{20} = 1.39$,則

(1) $\Pr(\overline{X} - \overline{Y} > 0) = \Pr\left(\dfrac{\overline{X} - \overline{Y}}{\sqrt{\dfrac{16}{25} + \dfrac{15}{20}}} > \dfrac{0 - 2}{\sqrt{1.39}}\right)$

$\qquad = \Pr(Z > -1.70)$

$\qquad = 1 - \Pr(Z < -1.70)$

$\qquad = 1 - 0.0446$

$\qquad = 0.9554$

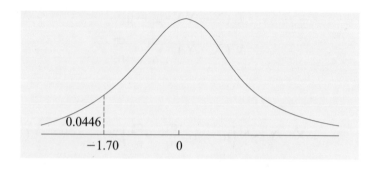

(2) $\Pr(\overline{X} - \overline{Y} < 3) = \Pr\left(Z < \dfrac{3 - 2}{\sqrt{1.39}}\right)$

$= \Pr(Z < 0.8480)$

$= 0.8017$

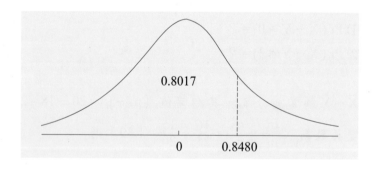

卡方分配

　　母體中的主要的特徵數，常見的有母體平均數以及母體變異數。對於母體平均數之研究，可藉由樣本平均數之抽樣分配加以推論；對於母體變異數之研究，則需藉由樣本變異數之推論。

7.1 樣本變異數之抽樣分配

設一常態母體，其平均數為 μ，變異數為 σ^2，自母體中隨機抽樣一組 n 個樣本，計算其變異數為：

$$S^2 = \frac{1}{n-1} \sum_{i=1}^{n} (x_i - \overline{X})^2 \qquad (3.7)$$

以如此方式，每次抽樣 n 個樣本，所產生所有的樣本變異數 $S_1^2, S_2^2, \cdots, S_k^2$，這些統計量的機率分配，稱之為「樣本變異數」的抽樣分配（Sampling Distribution of Sampling Variance），樣本變異數 S^2 之期望值及變異數為：

$$E(S^2) = \sigma^2 \qquad (3.8)$$

$$V(S^2) = \frac{2}{n-1} \sigma^4 \qquad (3.9)$$

7.2 卡方統計量

由樣本變異數 S^2 所引伸出的卡方統計量（Chi Square Distribution）為：

$$\chi^2(n-1) = \frac{(n-1)S^2}{\sigma^2} \qquad (3.10)$$

式中$\chi^2(n-1)$表示為自由度（$n-1$）之卡方分配統計量，S^2為樣本變異數，σ^2為母體變異數，n為抽樣樣本數。

　　所謂自由度（Degree of Freedom），係指組成一個卡方統計量，可以自由變動的個數，在卡方統計量之中，由於包含了一個統計量S^2，故n個樣本的自由度應該減1，亦即自由度為$n-1$。

7.3　卡方分配曲線與機率值

　　不同之自由度，卡方分配曲線也不相同，圖3-1說明不同自由度之卡方分配曲線：

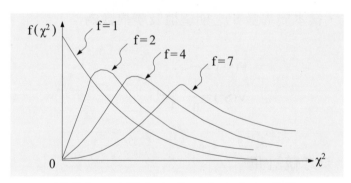

圖3-1　不同自由度之卡方分配曲線

　　欲計算卡方分配之機率，可查附表三卡方分配機率表，該表內部所列之值，表示左端陰影部分機率值之臨界值。

　　從附表三，可看出左端第一行，列有各種不同之自由度f，上端所列為$1-\alpha$之機率。由自由度及$1-\alpha$就可以決定臨界值χ^2，或者從自由度及臨界值，也可以查出臨界值左端的機率$1-\alpha$。

【例 5】

試以附表三，查出以下各卡方值：

(1) $\chi^2_{0.05}(20) = $ ？

(2) $\chi^2_{0.95}(18) = $ ？

(3) $\Pr(\chi^2 < k) = 0.95$，$f = 25$，求 k 之值。

(4) $\Pr(\chi^2 > k) = 0.025$，$f = 30$，求 k 之值。

解：

(1) 由附表三，查左邊自由度為 20 之列，上端為 0.05 之

行，列與行相交處為 10.85，因此

$\chi^2_{0.05}(20) = 10.85$

f	$1-\alpha$	
	$\cdots$ 0.050 $\cdots$	
$\vdots$	$\vdots$	
20	$\cdots$ 10.85 $\cdots$	

(2) 查自由度為 18，上端機率為 0.95，則知

$\chi^2_{0.95}(18) = 28.87$

f	$1-\alpha$	
	$\cdots$ 0.950 $\cdots$	
$\vdots$	$\vdots$	
18	$\cdots$ 28.87 $\cdots$	

(3) 查自由度為 25 之列，上端機率為 0.95 之行，列與行相交之處為 37.65，因此 k＝37.65。

f	$1-\alpha$
	$\cdots$ 0.950 $\cdots$
$\vdots$	$\vdots$
25	$\cdots$ 37.65 $\cdots$

(4) 此題之臨界值其右端機率為 0.025，就相當於左端之機率為 0.975，亦即 $\Pr(\chi<k)＝0.975$，由附表三，自由度為 30 之列與機率為 0.975 該行之交點，即為 k 值，k＝46.98。

f	$1-\alpha$
	$\cdots$ 0.975 $\cdots$
$\vdots$	$\vdots$
30	$\cdots$ 46.98 $\cdots$

【例 6】

由常態分配母體 $N(10, 25)$，隨機抽出樣本數為 30 之樣本，計算出樣本變異數 S^2，試求：

(1) $\Pr(S^2>36.69)＝$ ？

(2) $\Pr(S^2<13.84)＝$ ？

(3) $\Pr(13.84<S^2<36.69)＝$ ？

解：

由於

$$\frac{(n-1)S^2}{\sigma^2} \sim \chi^2_{(n-1)} \text{，則知}$$

(1) $Pr(S^2 > 36.69) = Pr\left(\dfrac{(n-1)S^2}{\sigma^2} > \dfrac{(n-1) \times 36.69}{\sigma^2}\right)$

$\qquad\qquad\qquad\quad = Pr\left(\chi^2_0 > \dfrac{29 \times 36.69}{25}\right)$

$\qquad\qquad\qquad\quad = Pr(\chi^2_0 > 42.56)$

$\qquad\qquad\qquad\quad = 1 - Pr(\chi^2_0 < 42.56)$

$\qquad\qquad\qquad\quad = 1 - 0.95$

$\qquad\qquad\qquad\quad = 0.05$

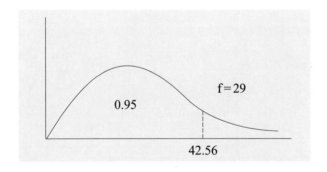

(2) $Pr(S^2 < 13.84) = Pr\left(\chi^2_0 < \dfrac{29 \times 13.84}{25}\right)$

$\qquad\qquad\qquad\quad = Pr(\chi^2_0 < 16.05)$

$\qquad\qquad\qquad\quad = 0.025$

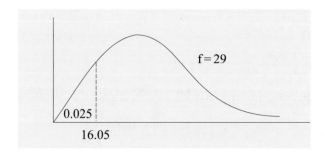

(3) $\Pr(13.84 < S^2 < 36.69) = \Pr(16.05 < \chi_0^2 < 42.56)$

$\qquad = \Pr(\chi_0^2 < 42.56) - \Pr(\chi_0^2 < 16.05)$

$\qquad = 0.95 - 0.025$

$\qquad = 0.925$

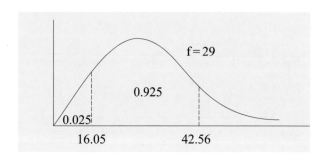

F 分配

　　在統計推論時，對於兩母體平均數之檢定，有時先要知道兩母體之變異數是否相等（在小樣本的情況下，兩母體變異數未知，但是知道母體變異數相等，則使用聯合變異數之 t 分配檢定之；否則即使用一般之 t 分配檢定。），而判定

母體變異數是否相等之機率分配，可以用F分配協助處理。

設有兩個相互獨立的卡方統計量χ_1^2及χ_2^2，其自由度分別為f_1及f_2，其中$f_1 = n_1 - 1$，$f_2 = n_2 - 1$，則令

$$F_0 = \frac{\dfrac{\chi_1^2}{n_1 - 1}}{\dfrac{\chi_2^2}{n_2 - 1}} = \frac{\dfrac{(n_1 - 1)S_1^2}{\sigma_1^2}}{\dfrac{n_1 - 1}{(n_2 - 1)S_2^2}}{\dfrac{\sigma_2^2}{n_2 - 1}} \qquad (3.11)$$

則此統計量稱之為：自由度為（f_1, f_2）之 F 統計量。將所有的F_0統計量所構成的機率分配，即稱之為 F 分配。F 分配曲線之圖形，根據不同自由度f_1、f_2而有所不同。其圖形如圖 3-2 所示：

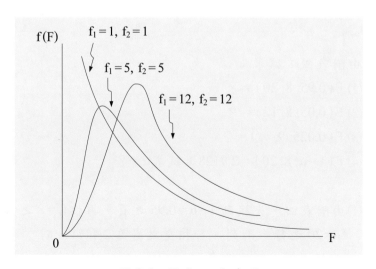

圖 3-2　F 分配曲線圖

F分配之機率值，可由附表四查出。根據附表四，其上端列出第一個自由度 f_1，左端的第一行表示第二個自由度 f_2，當自由度 f_1、f_2 已知後，若再知道 $1-\alpha$ 之值，即可查出臨界值 $F(1-\alpha; f_1,f_2)$；反之，若是知道 F 值，也可以查出 F 值左端之機率值。

由附表四，可以看出，該表內之 F 值皆為大於 1 之值，亦即，該表只列出比例大於 1 之部分，設若欲求小於 1 之臨界值，則可依下式計算：

$$F(\alpha;\ f_1,f_2) = \frac{1}{F(1-\alpha;\ f_2,f_1)} \tag{3.12}$$

亦即，將 α 改為 $1-\alpha$，兩自由度之位置互換，然後求其倒數，即為 $F(\alpha; f_1,f_2)$ 之值。

【例 7】

由附表四，試求：

(1) $F(0.95; 8, 20) = ?$

(2) $F(0.05; 8, 12) = ?$

(3) $F(0.025; 9, \infty) = ?$

(4) $F(1-\alpha; 8, 20) = 2.9128$，試求 $\alpha = ?$

解：

(1) 由附表四，先找到 $1-\alpha = 0.95$ 之頁，再找 $f_1 = 8$ 之列、$f_2 = 20$ 之行，兩列、行相交之處為 2.4471，則

$F(0.95; 8, 20) = 2.4471$

(2)附表四中，並沒有 $1-\alpha = 0.05$ 之表，但可利用 $1 - 0.95 = 0.05$，計算

$$F(0.05; 8, 12) = \frac{1}{F(095; 12, 8)} = \frac{1}{3.2840} = 0.3045$$

(3)附表四中查不到 $1-\alpha = 0.025$，因此利用 $1-\alpha = 0.975$ 之表

$$F(0.025; 9, \infty) = \frac{1}{F(0.975; \infty, 9)}$$
$$= \frac{1}{3.3329} = 0.30004$$

(4)已知自由度 $f_1 = 8$，$f_2 = 20$，由附表四各頁開始查詢，於 $1-\alpha = 0.975$ 之頁得知臨界值為 2.9128，因此可知 $\alpha = 0.025$。

※以上例題皆能於附表四中查到臨界值或是 $1-\alpha$ 值，設若某些情形下，不能很準確地從附表四查知，可能需要用「內插法」求其近似值。

【例 8】

設 S_1、S_2 為分別由兩常態母體 $N(10, 16)$ 及 $N(12, 25)$ 隨機抽樣，所得出的兩組樣本變異數。其樣本數各為 $n_1 = 21$，$n_2 = 25$，試求：

(1) $\Pr\left(\dfrac{S_1^2}{S_2^2} > 1.2971\right) = ?$

(2) $\Pr\left(\dfrac{S_1^2}{S_2^2} < 1.7523\right) = ?$

(3) $\Pr\left(1.2971 < \dfrac{S_1^2}{S_2^2} < 1.7523\right) = ?$

(4) $\Pr\left(\dfrac{S_1^2}{S_2^2} > 0\right) = ?$

解：

由於

$$F = \dfrac{\dfrac{\chi_1^2}{f_1}}{\dfrac{\chi_2^2}{f_2}} \quad 則令$$

$$\chi_1^2 = \dfrac{(n_1-1)S_1^2}{\sigma_1^2} \,,\; \chi_2^2 = \dfrac{(n_2-1)S_2^2}{\sigma_2^2}$$

則　$f_1 = n_1 - 1 \,,\; f_2 = n_2 - 1$

$$F_0 = \dfrac{\dfrac{S_1^2}{\sigma_1^2}}{\dfrac{S_2^2}{\sigma_2^2}} \sim F(f_1, f_2)$$

$$= \dfrac{S_1^2/16}{S_2^2/25}$$

$$= 1.5626 \times \dfrac{S_1^2}{S_2^2}$$

(1) $\Pr\left(\dfrac{S_1^2}{S_2^2} > 1.2971\right) = \Pr\left(\dfrac{S_1^2}{S_2^2} \times 1.5625 > 1.2971 \times 1.5625\right)$

$$= \Pr(F_0 > 2.0267)$$

查附表四自由度（20, 24），臨界值為 2.0267 之頁得知，$1 - \alpha = 0.95$

因此，

$$\Pr\left(\dfrac{S_1^2}{S_2^2} > 1.2971\right) = 0.05$$

$$1-\alpha=0.95$$

f_2 \ f_1		20	
⋮		⋮	
24		2.0267	

(2) $\Pr\left(\dfrac{S_1^2}{S_2^2}<1.7523\right)$

$=\Pr\left(\dfrac{S_1^2}{S_2^2}\times 1.5625<1.7523\times 1.5625\right)$

$=\Pr(F_0<2.7380)$ 查自由度（20, 24）之附表四

$=0.99$

$$1-\alpha=0.99$$

f_2 \ f_1		20	
⋮		⋮	
24		2.7380	

(3) $\Pr\left(1.2971<\dfrac{S_1^2}{S_2^2}<1.7523\right)$

$=\Pr(1.2971\times 1.5625<F_0<1.7523\times 1.5625)$

$=\Pr(2.0267<F_0<2.7380)$

$=[\Pr(F_0<2.7380)-\Pr(F_0<2.0267)]$ 查自由度（20,24）

之附表四

$=0.99-0.95=0.04$

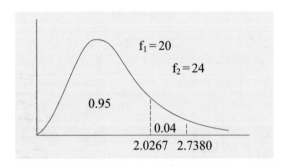

(4) $\Pr\left(\dfrac{S_1^2}{S_2^2} > 0\right) = \Pr(F_0 > 0)$ 此為必然之情形，因此

$\qquad\qquad = 1.0$

t 分配

　　對於常態母體平均數之推論，若是為小樣本（$n < 30$），且母體變異數未知，此時所使用的檢定工具為 t 統計量。

　　自常態母體中，隨機抽取 n 個樣本，母體 σ 未知，此時以樣本變異數 S 替代，所構成的 t 統計量為：

$$t_0 = \frac{\overline{X} - \mu}{S/\sqrt{n}} \sim t(n-1) \qquad (3.13)$$

此 t 統計量之自由度為（$n-1$）。所有的自由度為（$n-1$）之 t 統計量，即構成了 t 分配。

　　t 分配之曲線，與常態分配曲線非常相似，只是在不同的自由度之下，其曲線之曲度就不相同，自由度愈大，中央

之峰度愈高,即變異數愈小;自由度愈小,則曲線愈平緩,即顯示變異數愈大。其圖形如 3-3:

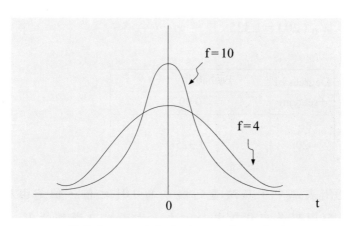

圖 3-3　不同自由度之 t 分配曲線

　　欲求 t 分配之機率,可查本書之附表二,此表之左端第一行為自由度 f,上端為 1−α 值,此為表內各臨界值(記之為 $t_{1-\alpha}(f)$)之左邊斜線部分機率。

【例 9】

　　試以附表二,求出:

(1) $t_{0.90}(20) = ?$

(2) $t_{0.01}(25) = ?$

(3) $\Pr(-a < t < a) = 0.95$,且 f=15,求 a。

(4) $\Pr(t < b) = 0.44$,且 f=200,求 b。

(5) $\Pr(t > c) = 0.05$,且 f=300,求 c。

解：

(1)附表二中，左端找到自由度為 20 之列，上端找出機率為 0.90 之行，列與行之交點為 1.325，故

$t_{0.90}(20) = 1.325$

Degrees of Freedom	Probability $1-\alpha$
	0.90
$\vdots$	$\vdots$
20	1.325

(2)附表二中，無法查到機率為 0.01 之值，但是由於 t 分配圖形是以 0 為中心，左、右兩端為對稱情形，因此先查出

$t_{0.99}(25) = 2.485$

即，$t_{0.01}(25) = -t_{0.99}(25) = -2.485$，

因此 $t_{0.01}(25) = -2.485$

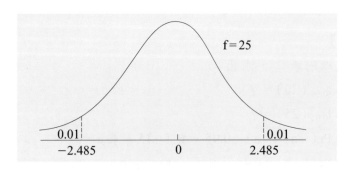

(3)在臨界值 a 與 −a 間之機率為 0.95，亦即大於上限 a 之機率為 0.025，即小於 a 之機率為 0.975；又由於自由度為 15，查附表二，$1-\alpha=0.975$，故知臨界值 a＝2.131

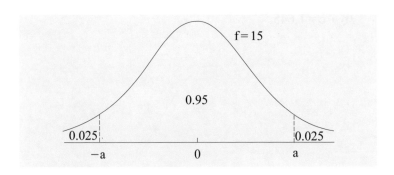

(4)自由度 f＝200，表示樣本數非常大，此時的 t 分配與常態分配已經非常接近，欲求機率可查常態分配機率表，亦即

$$\Pr(t<b) \doteqdot \Pr(Z<b) = 0.44$$

查附表一，得知 b＝−0.15

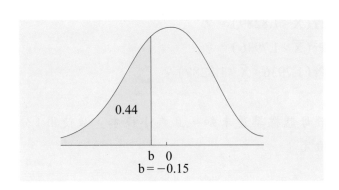

(5)同(4)，

$$\Pr(t>c) \fallingdotseq \Pr(Z>c) = 0.05$$

即，$\Pr(Z<c) = 1-\Pr(Z>c)$
$$= 1-0.05 = 0.95$$

故，$c = 1.645$

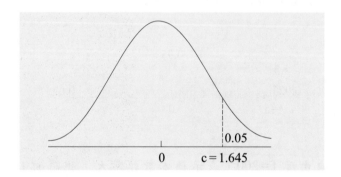

【例 10】

已知飲料每瓶之容量近於常態分配，其平均數 $\mu=2$（單位），σ 未知。今隨機抽樣 $n=25$，得出樣本標準差為 0.5，試求：

(1) $\Pr(\overline{X}<1.8289) = ?$

(2) $\Pr(\overline{X}>1.7936) = ?$

(3) $\Pr(1.7936<\overline{X}<1.8289)$？

解：

由於母體標準差未知，且為小樣本，故使用 t 分配統計量檢定：

(1) $\Pr(\overline{X} < 1.8289) = \Pr\left(\dfrac{\overline{X} - \mu}{S/\sqrt{n}} < \dfrac{1.8289 - 2}{0.5/\sqrt{25}}\right)$

$= \Pr(t < -1.711)$

由下圖 t 分配曲線為兩端對稱圖，可看出

$\Pr(t < -1.711) = 1 - \Pr(t < 1.711)$

$= 1 - 0.95 = 0.05$

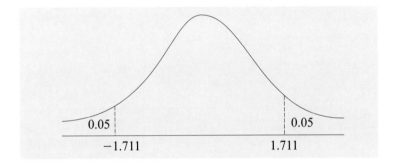

(2) $\Pr(\overline{X} > 1.7936) = \Pr\left(t > \dfrac{1.7936 - 2}{0.5/25}\right)$

$= \Pr(t > -2.064)$

$= \Pr(t < 2.064) = 0.975$

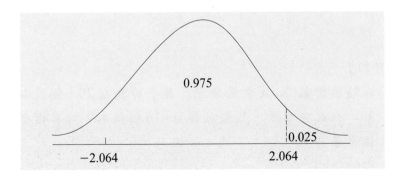

(3) $\Pr(1.7936 < \overline{X} < 1.8289)$

$= \Pr(\overline{X} < 1.8289) - \Pr(\overline{X} < 1.7936)$

$= \Pr\left(t < \dfrac{1.8289 - 2}{0.1}\right) - \Pr\left(t < \dfrac{1.7936 - 2}{0.1}\right)$

$= \Pr(t < -1.711) - \Pr(t < -2.064)$

$= 0.05 - 0.025 = 0.025$

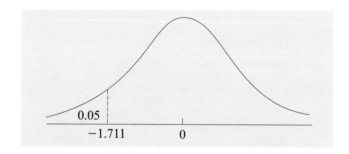

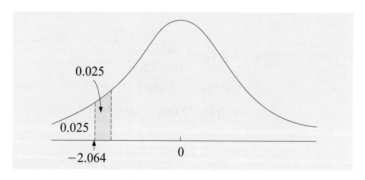

【例 11】

設隨機變數 X 為常態分配，其平均數為 20，變異數未知。自此分配中，隨機抽樣 n = 16 個樣本，計算出樣本標準差為 10，試求下式之 k 值：

$\Pr(\overline{X} > k) = 0.025$

解：

母體標準差未知，且為小樣本，以 t 統計量推論之：

$$\Pr(\overline{X} > k) = \Pr\left(t > \frac{k-20}{10/\sqrt{16}}\right) = 0.025$$

即相當於，$\Pr(\overline{X} < k) = 0.975$

由下圖，以及查附表二，自由度 $f = 15$，$1-\alpha = 0.975$，可知

$$t_0 = \frac{k-20}{10/4} = 2.131$$

故，$k = 20 + 2.131 \times 10/4$

$\quad\quad = 25.3275$

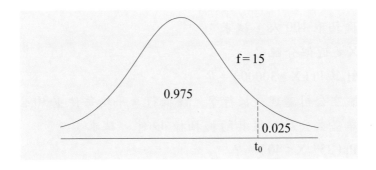

習 題

1. 東南日光燈平均壽命 $\mu=500$ 小時，$\sigma=50$ 小時，今自該母體中隨機抽樣 $n=360$ 個樣本，試求：

   (1) $\overline{X}$ 之期望值及變異數。

   (2) $\Pr(\overline{X}<600)=$ ？

   (3) $\Pr(\overline{X}>400)=$ ？

   (4) $\Pr(450<\overline{X}<600)=$ ？

2. 設某城市居民其個人每日平均所得 $\mu=28000$ 元，$\sigma=5000$ 元，隨機抽取 100 人，試求：

   (1) $\overline{X}$ 之近似分配？

   (2) 計算 $\Pr(\overline{X}>30000)=$ ？

3. 某航空公司處理一批行李，該批行李平均每件重 30 公斤，標準差 5 公斤。從其隨機抽樣 49 件，試求：

   (1) $\Pr(25<\overline{X}<40)=$ ？

   (2) $\Pr(\overline{X}<38)=$ ？

4. 計算下列各機率：

   (1) $f=20$，$\Pr(t_{0.025}<t<t_{0.99})=$ ？

   (2) $f=15$，$\Pr(t>-t_{0.05})=$ ？

   (3) $f=7$，$\Pr(t<2.365)=$ ？

   (4) $f=12$，$\Pr(-1.356<t<2.179)=$ ？

5. 試求下列各子題之 k 值：

   (1) $f=6$，$\Pr(t<k)=0.95$；

(2) $f=25$，$Pr(-k<t<k)=0.95$；

(3) $f=18$，$Pr(t>k)=0.01$；

(4) $f=20$，$Pr(t>k)=0.99$；

(5) $f=24$，$Pr(-2.064<t<k)=0.90$；

(6) $f=24$，$Pr(k<t<2.807)=0.90$。

6. 某校學生之英文成績呈常態分配，$\mu=75$，$\sigma=10$，試求：

(1) $Pr(X<70)=$?

(2) $Pr(60<X<80)=$?

(3) 隨機抽樣 100 位學生，求出樣本平均數 $\overline{X}$，求：

　　$Pr(\overline{X}<70)=$? 及 $Pr(60<\overline{X}<80)=$?

7. 設甲、乙為兩常態母體，其參數為：

甲母體：$\mu_1=50$，$\sigma_1=5$

乙母體：$\mu_2=48$，$\sigma_2=6$

自此兩母體隨機抽出 $n_1=25$，$n_2=49$ 個樣本，樣本平均數各

為 $\overline{X}_1$ 及 $\overline{X}_2$，試求：

(1) $Pr(\overline{X}_1-\overline{X}_2<4)=$?

(2) $Pr(\overline{X}_1-\overline{X}_2>5)=$?

(3) $Pr(3.5<\overline{X}_1-\overline{X}_2<5)=$?

8. 若有 3 個數之和必為 10，試求此 3 個數之自由度為何？

9. 試求下列機率及統計值：

(1) $f=20$，$\chi^2_{0.05}=$?

　　$Pr(\chi^2<9.59)=$?

(2) $f=18$，$\chi^2_{0.95}=$?

　　$Pr(\chi^2>6.26)=$?

(3) $f=25$，$\chi^2_{0.025}=$?

$\Pr(13.12 < \chi^2 < 37.65) = ?$

10. 設常態母體 $N(\mu, 49)$，自其中抽樣 16 個隨機樣本，S^2 為其樣本變異數，試求：

   (1) $\Pr(S^2 < 20.44) = ?$

   (2) $\Pr(S^2 > 16.33) = ?$

   (3) $\Pr(16.33 < S^2 < 20.44) = ?$

11. 試求下列機率及統計值：

   (1) $F(0.95; 7, 10) = ?$

   (2) $F(0.025; 5, 5) = ?$

   (3) $F(0.95; \infty, \infty) = ?$

   (4) $n = 10$，$n = 12$

     $\Pr(F < 2.8962) = ?$

   (5) $n_1 = 8$，$n_2 = 7$

     $\Pr(F > 5.6956) = ?$

12. 自常態母體 $N(5, 16)$ 及 $N(6, 25)$ 隨機抽取兩組樣本，$n_1 = 10$，$n_2 = 9$，兩組樣本變異數各為 S_1^2 及 S_2^2，試求：

   (1) $\Pr\left(\dfrac{S_1^2}{S_2^2} < 2.7886\right) = ?$

   (2) $\Pr\left(\dfrac{S_1^2}{S_2^2} > 2.1684\right) = ?$

   (3) $\Pr\left(2.1684 < \dfrac{S_1^2}{S_2^2} < 2.7886\right) = ?$

13. 試求以下各統計值及機率：

   (1) $f = 20$，$t_{0.95} = ?$

     $\Pr(t < 1.325) = ?$

   (2) $f = 10$，$t_{0.025} = ?$

$\Pr(t > 2.228) = ?$

(3) $n = 15$，$t_{0.975} = ?$

$\Pr(1.325 < t < 2.228) = ?$

14. 設自一常態母體隨機抽樣 $n = 25$ 個樣本，若 $\Pr(k < t < 2.064) = 0.05$，求 k。

15. 已知某飲料價格為一常態分配，$\mu = 25$ 元，標準差未知。今自該分配中隨機抽出 $n = 16$ 個樣本，樣本標準差 $S = 1.5$ 元，試求：

(1) $\Pr(\overline{X} < 23) = ?$

(2) $\Pr(\overline{X} > 26) = ?$

(3) $\Pr(23 < \overline{X} < 26) = ?$

16. 設自一常態母體 $N(30, \sigma^2)$ 隨機抽出以下之樣本：

28，32，40，35，46，21，28

試求：

(1) $\Pr(\overline{X} < 28) = ?$

(2) $\Pr(\overline{X} > 35) = ?$

(3) $\Pr(28 < \overline{X} < 35) = ?$

17. F is a distribution function of $N(0, 1)$. Find $F(1.64) - F(-1.9)$.

【85 中央工管】

18. Suppose that an examination contains 99 questions arranged in a sequence from the easiest to the most difficult. Suppose that the probability that a particular student will insure the first question correctly is 0.99, the probability that he will answer second question correctly is 0.98, and general, the probability that he will answer the I th question correctly is $1 - i/100$ for $i = 1, 2, ..., 99$. It is

assumed that all questions will be answered independently and that the student must answer at least 70 questions correctly to pass the examination. Determine the probability the student will pass.

【87 政大國貿國企組】

19. The mean of a random sample of size n = 36 is used to estimate the mean of an infinite population having the standard deviation σ = 9. Suppose that we let p be the probability that the sampling error will be less than 4.5 using the Chebyshev's Theorem; and suppose that we let q be the probability that sampling error will be less than 4.5 using the Central Limit Theorem. What assertion about p and q is true?

    (a) p = 0.8654   (b) q = 0.8888   (c) p = 0.9974   (d) p = 0.9234
    (e) q = 0.9798   (f) q = 0.9974   【88 中山企研】

20. A sample of 64 observations is randomly drawn with replacement from a population which has a normal distribution with a mean of 25 and a standard deviation of 9. What is the probability that the sample mean will be between 25 and 28.15?

    (a) 0.0080   (b) 0.4936   (c) 0.4974   (d) 0.5000
    (e) None of the above.

21. The sign on the elevator in a large skyscraper states, "Maximum capacity 2500 pounds or 16 persons." A professor of statistics wonders what the probability is that 16 people would weight more than 2500 pounds. If the weights of the people who use the elevator are normally distributed, with a mean of 150 pounds of and stand-

ard deviation of 20 pounds, what is the probability that the profes-
sor seeks? 【88 政大保研】

第四章

單一母體之
平均數檢定
及信賴區間估計

統計學的一項重要的功能是，假設檢定以及信賴區間之估計。當無法就整個母體加以調查、研究時，可用抽樣方法，以樣本資料所得出的樣本特徵，推論母體之特徵。而所謂的母體特徵，是表現母體特性的象徵，譬如母體的平均數，或是母體變異數。如何以抽樣的結果來表現母體之情形，這種統計的內容，即所謂的「統計推論」（Statistical Inference）。統計推論常常應用到的是，母體平均數之檢定以及母體平均數信賴區間之估計。

統計假設之檢定

對於母體的特徵還不了解的時候，可先根據經驗或是理論，提出此一特徵之假設情形，然後再利用樣本的各種資訊，判斷此一假設之正確性與否。

統計假設檢定，首在假設之建立，假設有兩種：

1.1 虛無假設（Null Hypothesis）

通常是把對於過去經驗或是理論上的宣稱設為虛無假設，也常常是把想要推翻的內容放在虛無假設，以 H_0 表之。

1.2 對立假設（Alternative Hypothesis）

係將虛無假設以外的語句或數字假設於此，通常以 H_1 表之。

對於以上之假設，研究者要決定使用何種統計量來檢定，一旦統計結果超出了統計量的臨界值，亦即落入了「棄

卻域」，則判定為「拒絕」或「推翻」虛無假設。反之，若是判定結果未能拒絕虛無假設，即表示在既定的「顯著水準」之下，沒有足夠的證據推翻虛無假設，亦即，可以承認此虛無假設的宣稱。

所謂「顯著水準」（Level of Significance），係指檢定時所欲要求精確的程度。通常，常使用的有兩種：$\alpha = 0.05$ 或 $\alpha = 0.01$，當 $\alpha = 0.05$ 時拒絕了虛無假設，則稱為「顯著」；若當 $\alpha = 0.01$ 時拒絕了虛無假設，則稱為「非常顯著」。

假設檢定模式之建立

一般而言，假設檢定共有三種型態。

2.1 兩尾檢定

$$H_0 : \mu = \mu_0$$
$$H_1 : \mu \neq \mu_0$$

將顯著水準 α 除以 2，置於樣本統計分配圖之左、右兩端，以 $\alpha / 2$ 之值配合樣本統計量分配，找出「臨界值」（Critical Value）μ_U 與 μ_L，超出臨界點兩端之區域，稱之為「棄卻域」（Reject Region）；而在臨界值中間的區域，則稱之為「接受域」（Accept Region）。由於是以分配圖之左、右兩端作為檢定之標準，則稱此種檢定為「兩尾檢定」。

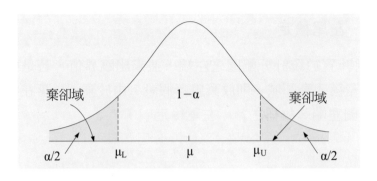

2.2 右尾檢定

$$H_0 : \mu \leq \mu_0$$
$$H_1 : \mu > \mu_0$$

　　將α置於統計分配圖之右端，並利用α值求出臨界值，若是樣本統計量大於此臨界值，即表示推翻虛無假設。由於棄卻域落在分配圖之右端，則稱此種檢定為「右尾檢定」。

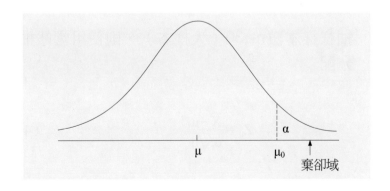

2.3 左尾檢定

將α置於統計分配圖之左端，並求出臨界值，若是樣本統計量落入棄卻域，則放棄虛無假設。由於棄卻域落在統計分配圖左端，故稱之為「左尾檢定」。

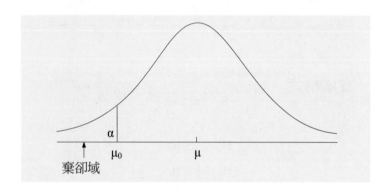

母體平均數檢定之統計量分配

通常，對於常態母體平均數檢定之統計量，常用的有 t 分配或是 Z 分配：

3.1 抽樣樣本數n≥30（大樣本），則使用常態抽樣分配

$$Z_0 = \frac{\overline{X}-\mu}{\sigma/\sqrt{n}} \qquad (4.1)$$

或當σ未知時，以 S 取代σ

$$Z_0 = \frac{\overline{X} - \mu}{S/\sqrt{n}} \qquad (4.2)$$

以上之統計量 Z，為滿足標準常態之隨機變數。

3.2 樣本數 n < 30，但是σ已知，則仍以 Z 統計量檢定之

3.3 樣本數 n < 30 且σ未知，則以 t 分配檢定

$$t_0 = \frac{\overline{X} - \mu}{S/\sqrt{n}}$$

式中，t 為滿足自由度為 n−1 之 t 分配。

假設檢定之步驟

步驟 1：設立虛無假設

$H_0 : \mu = \mu_0$

步驟 2：設立對立假設

$H_1 : \mu \neq \mu_0$ 或

$H_1 : \mu > \mu_0$ 或

$H_1 : \mu < \mu_0$

步驟 3：決定信賴係數

$\alpha = 0.05$ 或 0.01

步驟 4：決定適當的統計量及棄卻域

對於母體平均數之檢定，常用的是 t 分配或是 Z 分配。

(1)兩尾檢定：棄卻域 $= \{t_0 \| t \mid > t_{1-\alpha/2}(n-2)\}$ 或 $= \{Z_0 \| Z_0 \mid > Z_{1-\alpha/2}\}$

(2)右尾檢定：棄卻域 $= \{t_0 \mid t_0 > t_{1-\alpha}(n-1)\}$ 或 $= \{Z_0 \mid Z_0 > Z_{1-\alpha}\}$

(3)左尾檢定：棄卻域 $= \{t_0 \mid t_0 < -t_{1-\alpha}(n-1)\}$ 或 $= \{Z_0 \mid Z_0 < -Z_{1-\alpha}\}$

步驟 5：計算 $t_0 = \dfrac{\overline{X} - \mu}{S/\sqrt{n}}$ 或 $Z_0 = \dfrac{\overline{X} - \mu}{\sigma/\sqrt{n}}$

上式中，若無 σ 則以 S 代替。

步驟 6：結論

若是 t_0 或是 Z_0 落入棄卻域，則推翻虛無假設；否則，即無充分之證據推翻虛無假設。

【例 1】

王老師想要檢定全班的統計學成績，是否比去年的成績有進步，去年全班平均分數 72 分。今年在全班抽樣 9 位同學，其統計學之樣本平均成績 76 分、標準差 5 分。試以 $\alpha = 0.05$ 之顯著水準檢定之。

解：

樣本數 $n=9$，此為小樣本，而且母體標準差 σ 未知，故

應使用 t 分配統計量。又由本題之抽樣結果得知$\overline{X}=76>72$，
故對立假設應該設為 $H_1 : \mu > 72$；因此，虛無假設應為
$H_0 : \mu \leq 72$ 或 $H_0 : \mu = 72$。

檢定：

步驟 1：設立虛無假設

$\qquad H_0 : \mu = 72$

步驟 2：設立對立假設

$\qquad H_1 : \mu > 72$

步驟 3：決定顯著水準

$\qquad$令 $\alpha = 0.05$

步驟 4：決定棄卻域：由於此題為右尾檢定，故

$\qquad$棄卻域 $= \{t_0 | t_0 > t_{0.95}(8) = 1.86\}$

步驟 5：計算

$$t_0 = \frac{\overline{X} - \mu}{S/\sqrt{n}} = \frac{76 - 72}{5/3}$$

$$= 2.4 > t_{0.95}(8) = 1.86 \ (查附表二)$$

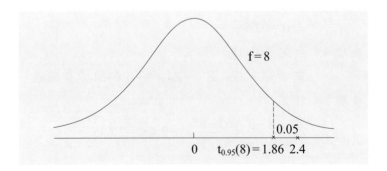

步驟 6：結論

在 α＝0.05 之顯著水準之下，推翻虛無假設，亦即，今年之統計學成績比去年有進步。

【例 2】

李老師想要檢定今年該校的英文成績，是否比去年的平均分數 65 分有進步？在全校隨機抽樣 36 位同學，得出平均分數 63 分，標準差 5 分。試以 α＝0.05 之顯著水準檢定之。

解：

此例題為大樣本，故應使用常態分配檢定。又，$\overline{X}=63<65$，故對立假設應為 $H_1：μ<65$。

步驟 1：設立虛無假設

$H_0：μ≧65$

步驟 2：設立對立假設

$H_1：μ<65$

步驟 3：決定顯著水準

令 α＝0.05

步驟 4：決定棄卻域

棄卻域＝$\{Z \mid Z<-Z_{0.95}=-1.645\}$（查附表一）

步驟 5：計算

$$Z_0=\frac{\overline{X}-μ}{S/\sqrt{n}}=\frac{63-65}{5/\sqrt{36}}=-2.4<-1.645$$

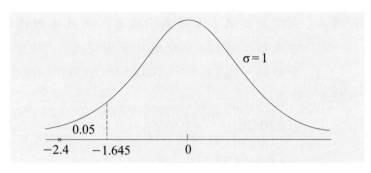

步驟 6：結論

　　在 $\alpha=0.05$ 之顯著水準下，推翻虛無假設，亦即，今年的英文成績沒有比去年有進步。

【例 3】

　　設一箱雞蛋之重量呈常態分配，從其中隨機抽取 16 個，記錄其重量分別為 10.0，10.2，10.1，11.0，9.8，9.9，11.1，10.0，11.0，10.5，11.2，12.0，11.2，12.1，13.0，11.6（公克）。試以 $\alpha=0.05$ 之顯著水準，檢驗此箱雞蛋每個平均重量是否為 11 公克？

解：

　　本題為檢驗是否為 11 公克，為兩尾檢定：

　　步驟 1：設立虛無假設

　　　　　$H_0：\mu=11$

　　步驟 2：設立對立假設

　　　　　$H_1：\mu\neq11$

　　步驟 3：決定顯著水準

　　　　　令 $\alpha=0.05$

步驟 4：決定棄卻域：本題為小樣本，而且母體標準差

亦未知，故以 t 分配統計量檢定之

棄卻域 = $\{t_0 \mid |t_0| > t_{0.975}(15) = 2.131\}$

步驟 5：計算

$$|t_0| = \left|\frac{\overline{X}-\mu}{S/\sqrt{n}}\right| = \left|\frac{10.92-11.0}{0.9275/\sqrt{16}}\right|$$
$$= 0.3504 \ngtr 2.131$$

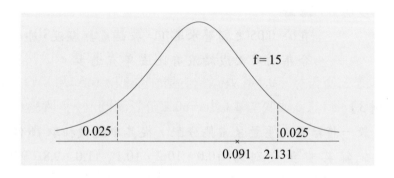

f = 15

0.025   0.025

0.091   2.131

步驟 6：結論

在 $\alpha = 0.05$ 之顯著水準之下，沒有充分的證據推

翻虛無假設，亦即，可認為這箱雞蛋之平均重

量為 11 公克。

單一母體平均數信賴區間之估計

母體平均數估計所使用的統計量公式，與檢定部分所使

用者相同，常使用的還是常態分配或是 t 分配。

5.1 均數信賴區間估計之步驟

步驟 1：計算樣本平均數 $\overline{X}$

步驟 2：計算樣本標準差 S

步驟 3：決定顯著水準 α

步驟 4：決定使用之統計量，t 分配或是 Z 分配

步驟 5：μ 之 1−α 信賴區間為

    (1)小樣本且 σ 未知：

$$[\overline{X}-t_{\alpha/2}(n-1)\times S/\sqrt{n}, \overline{X}+t_{\alpha/2}(n-1)\times S/\sqrt{n}]$$

    (2)大樣本或 σ 已知：

$$[\overline{X}-Z_{\alpha/2}\times \sigma/\sqrt{n}, \overline{X}+Z_{\alpha/2}\times \sigma/\sqrt{n}]$$

    (3)大樣本但 σ 未知，以 S 替代：

$$[\overline{X}-Z_{\alpha/2}\times S/\sqrt{n}, \overline{X}+Z_{\alpha/2}\times S/\sqrt{n}]$$

【例 4】

    同例 3 之資料，試求 μ 之 0.95 信賴區間。

解：

    此題為小樣本，母體標準差未知，故以 t 分配建立母體

平均數之信賴區。

步驟 1：$\overline{X}=10.92$

步驟 2：S=3.53

步驟 3：α=0.05

步驟 4：統計量 t 分配

$$t_0=\frac{\overline{X}-\mu}{S/\sqrt{n}}$$

$$t_{0.975}(n-1)=t_{0.975}(15)=2.131$$

步驟 5：μ 之 0.95 信賴區間為

$$[\overline{X}-t_{0.975}(15)\times S/\sqrt{n},\ \overline{X}+t_{0.975}(15)\times S/\sqrt{n}]$$
$$=[10.92-2.131\times3.53/\sqrt{16},\ 10.92+2.131\times3.53/\sqrt{16}]$$
$$=[9.0394,\ 12.8006]$$

※由步驟5之信賴區間可看出，由於 $11\in[9.0394,\ 12.8006]$，
因此可以判定：在 $\alpha=0.05$ 之顯著水準下，可認為 $\mu=11$
之虛無假設為真。

【例 5】

設某班之統計學成績標準差為 5 分，今自該班抽樣 25 人，
計算樣本平均數 $\overline{X}$ 為 80 分，假設該班統計學成績為常態
分配，試求該班統計學平均分數之 0.94 信賴區間。

解：

本題雖為小樣本，但是已知母體之標準差，故以常態分
配計算信賴區間。

步驟 1：$\overline{X}=80$

步驟 2：$\sigma=5$

步驟 3：$\alpha=0.06$

步驟 4：統計量使用常態分配

$$Z_0=\frac{\overline{X}-\mu}{\sigma/\sqrt{n}}$$

步驟 5：μ 之 0.94 信賴區間為

$$[\overline{X}-Z_{\alpha/2}\times\sigma/\sqrt{n},\ \overline{X}+Z_{\alpha/2}\times\sigma/\sqrt{n}]$$
$$=[\overline{X}-Z_{0.97}\times\sigma/\sqrt{n},\ \overline{X}+Z_{0.97}\times\sigma/\sqrt{n}]$$

$= [80 - 1.88 \times 5/5,\ 80 + 1.88 \times 5/5]$

$= [78.12,\ 81.88]$

【例 6】

　自甲公司隨機抽樣 200 人，得知月薪平均為 26000 元，標準差為 1400 元，試求甲公司月薪之 0.98 信賴區間。

解：

　本例題之母體標準差未知，但為大樣本，故可用常態分配求解。

步驟 1：$\overline{X} = 26000$

步驟 2：$S = 1400$

步驟 3：$\alpha = 0.02$

步驟 4：以常態統計量

$$Z_0 = \frac{\overline{X} - \mu}{S/\sqrt{n}}$$

步驟 5：μ 之 0.98 信賴區間為

$[X - Z_{0.99} \times S/\sqrt{n},\ X + Z_{0.99} \times S/\sqrt{n}]$

$= [26000 - 2.325 \times 1400/\sqrt{200},\ 26000 + 2.325$

　　$\times 1400/\sqrt{200}]$

$= [25769.836,\ 26230.164]$

習 題

1. 設自動販賣機銷售杯裝可樂,其重量近於常態,其標準差為2公克,今隨機抽樣100杯,計算其平均重量為198公克,試以α=0.02之顯著水準檢定,此杯裝可樂之重量為200公克之宣稱。

2. 試求題1,母體μ之0.98信賴區間。

3. 假設已知南亞日光燈之壽命呈常態分配,今隨機抽樣16支日光燈,其平均壽命為900小時,變異數為100小時,試以α=0.05之顯著水準,檢定南亞日光燈之壽命不小於1000小時之假設。

4. 試求習題3中:南亞日光燈平均壽命0.95之信賴區間。

5. 設某班之數學成績呈常態分配,自該班隨機抽出一些同學之成績如下:

45,52,56,98,57,68,75,82,78,59,64,58,25,59,79

試以α=0.02之顯著水準檢定該班數學平均成績不低於60分之假設。

6. 試求題5,該班數學平均成績之0.98信賴區間。

7. 以下數據表示隨機抽樣之某家電影公司影片之放映時間,且設影片放映時間近於常態分配,試檢驗該電影公司影片放映時間平均數之時間為100分鐘之假說。(α=0.01)

110,98,102,121,98,90,110,112,103,105,112,

104（分鐘）

8. 試求題7.之資料，該公司的平均放映時間之 0.99 信賴區間。

9. 自義守大學隨機抽樣 49 名學生，計算其平均身高為 172 公分，標準差為 3 公分，試檢定義守大學學生平均身高不低於 170 公分之假說。（$\alpha = 0.05$）

10. 自常態母體中，隨機抽樣一筆資料，$n = 25$，$\overline{X} = 40$，$\sum\limits_{i=1}^{25}(X_i - \overline{X})^2 = 500$，試檢驗該筆資料平均數實際為 39 之假設。（$\alpha = 0.02$）

11. 試求習題9.中，義守大學學生平均身高之 0.95 信賴區間。

12. 試求習題10.中，該筆資料之 0.98 信賴區間。

13. $\overline{X}$、$S_{\overline{X}}$ 為抽樣自具有 $N(\mu, \sigma^2)$ 分配的母體（Population）的樣本平均數（Sample Mean）及樣本標準誤（Sample Standard Error），在 σ^2 未知的情形，試作 μ 的 $(1-\alpha) \times 100\%$ 的 two-sided confidence interval，請繪圖說明之，你要說明是用哪一種統計分配來作這個 confidence interval，也要說明為什麼你要用這種分配。請說明這個 $(1-\alpha) \times 100\%$ 的 confidence interval 代表什麼意義。假定現在進行實際抽樣，得到一樣本，請問這個已知的樣本值落在這個 interval 的機率是多少？　　　　　　　　　　　　　　　【88 台大會研】

14. A certain size bag is designed to hold 25 pounds of potatoes. A farmer fills such test the field. Assume that weight X of potatoes in a bag is $N(\mu, 9)$. We shall test the null hypothesis $H_0 : \mu = 25$ against the alternative hypothesis $H_1 : \mu < 25$. Let $(\chi_1, \chi_2, \chi_3, \chi_4)$ be a random sample of size 4 from this distribution, and let the critical re-

gion be defined by C = {$\overline{X} : \overline{X} \le 22.5$}

(a)What is the power function K(u) of this test? In particular, what is the significance level α?

(b)If the sample values $(\chi_1, \chi_2, \chi_3, \chi_4)$ = (21.24, 24.81, 23.62, 26.82), would you accept or reject H_0?

(c)What is the p-value associated with $\overline{X}$ in part (b)?

15. A social scientist claims that the average adult watches at least 26 hours of televation per week. His colleague (同事) decides to examine this claim. She collects data on 25 individuals' television viewing habits. She finds that the mean number of hours that the 25 people spent watching television was 22.4 hours. From previous analysis the population standard deviation is known to be eight hours.

(a)Can she conclude at the 1% significance level that her colleague is wrong?

(b)If we set α = 0.01, find β when μ = 20.

(c)Calculate the p-value for the test in (a).

(d)If we set α = 0.05, based on the p-value calculated in (c), would you reject the null hypothesis?　　　　　【87 政大資管】

16. 廠商宣稱其開發之新合成釣魚線平均強度為 8 公斤，標準為 0.5 公斤，茲從中隨機抽出 50 條釣魚線，測試其強度結果平均為 7.8 公斤。請在 0.01 的顯著水準下，分別用下列方法檢定廠商宣稱。（$Z_{0.095} = 2.58, Z_{0.99} = 2.33$）

(a)信賴區間（Confidence Interval）檢定。

(b)Z－檢定（Z-test）。

(c)P-value 檢定。

[table: $P(Z \le -1.83) = 0.0336$, $P(Z \le 1.83) = 0.9664$, $P(Z \le -2.83) = 0.0023$, $P(Z \le 2.83) = 0.9977$]　【88 元智資管】

17. In making bids on building projects, KUAN TAO Builders, Inc, （冠德建設）assumes construction workers are idle no more than 15% of the time. For a normal S-hour shift, this 30 construction workers provided a mean idle time of 80 minutes per day. The sample standard deviation was 20 minutes. Suppose a hypothesis test to be designed to test the validity of the company's assumption.

(a)What is the p-value associated with the sample result?

(b)Using a 0.05 level of significance and the p-value, test the hypothesis $H_0 : \mu \le 72$. What is your conclusion?

(c)What is the probability of making a Type II error when the population mean idle time is 80 minutes? And sketch the OC curve for this problem?

(d) If $H_0 : \mu = 72$, $H_1 : \mu = 80$, and $\alpha = 0.05m$, $\beta = 0.1$. Find n = ?

【87 成大工管】

18. 大華公司製造的水餃平均每個重 20 公克，標準差為 0.5 公克，且水餃重量分佈呈常態。若每包有 25 個水餃，一包水餃重量規格為 500±10 公克，請問：

(1)一位顧客會因買到的一包大華水餃重量過輕不合規格而抱怨的機率有多少？

(2)有人懷疑大華公司平均每包水餃平均重量不到 500 公克，隨機抽樣大華公司 36 包水餃，結果每包水餃平均重量 499 公克，標準差為 3 公克。

請問是否有證據說此人所懷疑是對的？（$\alpha = 0.05$）

(3)由(2)的資料求大華公司每包水餃平均重量的 95% 信賴區間？

19. (a)In a test to compare the speeds of two types of equal-size computers, six long programs written in Pascal were run on both computers. Then the amount of CPU time in minutes was measured and recorded in the following table. Assume the CPU times are normally distributed.

Program	1	2	3	4	5	6
Computer 1	28	52	103	15	72	49
Computer 2	32	47	110	12	75	55

Can we conclude that the average CPU time for computer 1 is less than the average CPU time for computer 2 at $\alpha = 0.1$ by finding the p-value.

(b)For part (a), estimate the mean difference in CPU time between computer 2, with 99% confidence. 【86 政大資管】

20. 交通大學學生平均身高是否為 170 公分？今隨機抽取 100 位學生，請具體說明應如何以統計檢定回答此一問題。

【90 交大經管所】

第五章

兩母體平均數及變異數之檢定及推估

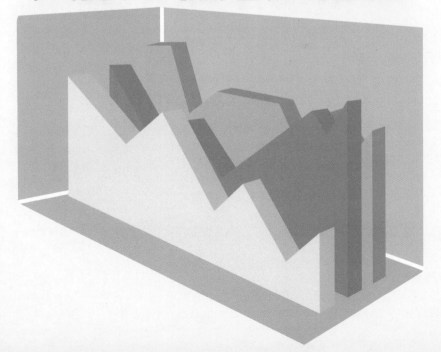

在研究的過程中，常會碰到想要了解兩個群體之間是否具有差異，研究者可以對於兩群體的平均數作出：

「虛無假設」　H_0：假設兩群體的母體平均數相等$\mu_1 = \mu_2$。

「對立假設」　H_1：此二群體之母體平均數不相等$\mu_1 \neq \mu_2$。

茲後，就可以按照統計檢定的過程和方法，逐步檢定此一虛無假設是否正確？或是確有差異？

也有一種情形，例如，李教授想要知道某種新的教學法是否有效，於是就可以安排一個實驗組，接受此一新式教學法；而另外也有一組為控制組，接受傳統的教學方法，經過一段時間之後，對於兩組的教學成果加以檢定，檢驗是否會有明顯的差異？如此就可以判定出此種新教學法是否確有效。

如果新教學法的確很有效果，也可以應用本章介紹的統計學方法，推估出新教學法與傳統教學法差異之$1-\alpha$信賴區間。

檢定之基本理論

假設檢定通常有三種模式：

1.1　兩尾檢定

假設顯著水準為α，虛無假設與對立假設為：

$$H_0 : \mu_1 = \mu_2 \text{ 或 } \mu_1 - \mu_2 = 0$$
$$H_1 : \mu_1 \neq \mu_2$$

　　將α除以 2，以α/2 值查表找出臨界值（Critical Value）（圖5-1 之 μ_L 與 μ_U），在臨界值兩端之範圍稱之為「棄卻域」（Reject Region）；而在 μ_L 與 μ_U 之間的範圍，則稱之為「接受區」（Accept Region）。若是根據樣本之資料，所計算的統計量，落入了棄卻域，則拒絕虛無假設 H_0；若是該統計量落入了接受區，則可認為「沒有充分的證據推翻虛無假設」，亦即可以承認虛無假設之說法。

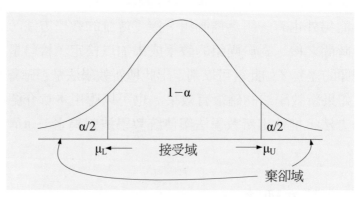

圖 5-1　$\mu_1 - \mu_2$ 兩尾檢定之棄卻域與接受域

1.2　右尾檢定

假設顯著水準為α，虛無假設與對立假設之型態為：

$$H_0 : \mu_1 \leqq \mu_2$$
$$H_1 : \mu_1 > \mu_2$$

則將α置於分配圖之右端（見圖 5-2），並利用α值查表找

出臨界值μ_0。臨界值的右端稱之為棄卻域；而其左端則稱之為接受域。

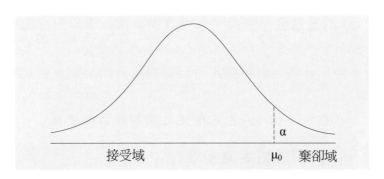

圖 5-2　$\mu_1 - \mu_2$ 右尾檢定之棄卻域與接受域

　　若是樣本統計量落入棄卻域，則拒絕虛無假設；反之，若是樣本統計量小於臨界值，則「沒有充分的證據推翻虛無假設」，亦即可以接受虛無假設之說法。

1.3　左尾檢定

　　假設顯著水準為α，虛無假設以及對立假設之型態為：

$$H_0 : \mu_1 \geqq \mu_2$$
$$H_1 : \mu_1 < \mu_2$$

　　將α置於分配圖之左端（見圖 5-3），並利用α值查表找出臨界值μ_0。臨界值的左端稱之為棄卻域，其右端則稱之為接受域。

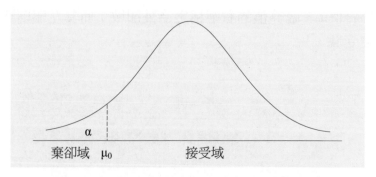

$$圖 5\text{-}3 \quad \mu_1 - \mu_2 \text{ 左尾檢定之棄卻域與接受域}$$

1.4 $\mu_1 - \mu_2$假設檢定之步驟

根據以上之理論與觀念，對於虛無假設之檢定，可依以下步驟進行：

步驟1：建立虛無假設以及對立假設。

步驟2：選擇顯著水準α，常用的顯著水準為0.05或0.01。

步驟3：選擇適當的檢定統計量，通常為t統計量或Z統計量。

步驟4：以α查表找出臨界值。

步驟5：由樣本之資料，計算樣本統計量。

步驟6：結論

若是樣本統計量落入棄卻域，則拒絕虛無假設；反之，若是樣本統計量落入接受區，則「沒有充分的證據推翻虛無假設」，亦即可以接受虛無假設之說法。

統計量公式

對於兩組平均數之檢定，常用的統計量公式為 t 或 Z 統計量：

2.1 假設母體 1 和母體 2 皆為常態分配，而且這兩組之抽樣數 $n_1 < 30$，$n_2 < 30$，而且此二母體之標準差 σ_1 及 σ_2 都未知，但是知道 $\sigma_1 = \sigma_2$，則檢定之公式為

$$t_0 = \frac{(\overline{X}_1 - \overline{X}_2) - (\mu_1 - \mu_2)}{Sp\sqrt{\dfrac{1}{n_1} + \dfrac{1}{n_2}}} \qquad (5.1)$$

此 t_0 統計量為滿足自由度（$n_1 + n_2 - 2$）之 t 分配，式中

$$Sp^2 = \frac{(n_1 - 1)S_1^2 + (n_2 - 1)S_2^2}{n_1 + n_2 - 2} \qquad (5.2)$$

Sp^2 稱之為「聯合變異數」（Pooled Variance）。

2.2 若是母體 1 及母體 2 皆為常態分配，又其抽樣數 $n_1 < 30$，$n_2 < 30$，而且 σ_1 及 σ_2 未知也不相等，則

$$t_0 = \frac{(\overline{X}_1 - \overline{X}_2) - (\mu_1 - \mu_2)}{\sqrt{\dfrac{S_1^2}{n_1} + \dfrac{S_2^2}{n_2}}} \qquad (5.3)$$

此 t_0 統計量為滿足自由度 k 之 t 分配，其中

$$k = \frac{\left(\dfrac{S_1^2}{n_1} + \dfrac{S_2^2}{n_2}\right)^2}{\dfrac{\left(\dfrac{S_1^2}{n_1}\right)^2}{n_1 - 1} + \dfrac{\left(\dfrac{S_2^2}{n_2}\right)^2}{n_2 - 1}} \qquad (5.4)$$

2.3 若是母體 1 及母體 2 皆為常態分配，而且抽樣數 $n_1 \geqq 30$，$n_2 \geqq 30$，則

$$Z_0 = \frac{(\overline{X}_1 - \overline{X}_2) - (\mu_1 - \mu_2)}{\sqrt{\dfrac{\sigma_1^2}{n_1} + \dfrac{\sigma_2^2}{n_2}}} \qquad (5.5)$$

若是 σ_1^2 及 σ_2^2 未知，則以 S_1^2、S_2^2 代之，亦即

$$Z_0 = \frac{(\overline{X}_1 - \overline{X}_2) - (\mu_1 - \mu_2)}{\sqrt{\dfrac{S_1^2}{n_1} + \dfrac{S_2^2}{n_2}}} \qquad (5.6)$$

以上之 Z_0 統計量,皆為滿足標準常態之隨機變數,亦即,平均數為 0,變異數為 1,即 $Z_0 \sim N(0, 1^2)$。

2.4　成對檢定

　　當所要檢定的資料是「成對的」,譬如,想要研究某種減肥藥是否有效,可隨機抽樣一些人,記錄這些樣本服用減肥藥之前、後的體重,再用統計方法檢定這種減肥藥是否有明顯的效果?但是由於檢測的對象是服藥前、後的同一個人,其數據資料 X_1,X_2 之間並非獨立之變數,因此不適用前述的 3 種檢定方法,此時應以成對檢定,其方法為:

　　將兩組成對資料,計算其差值,令

$$d_i = x_{i1} - x_{i2}，i = 1, 2, 3, \cdots, n \qquad (5.7)$$

再求這組資料 d_i 之平均數,即

$$\overline{d} = \sum_{i=1}^{n} d_i / n = \overline{X}_1 - \overline{X}_2 \qquad (5.8)$$

而這組資料 d_i 之變異數為

$$S_d^2 = \frac{\sum\limits_{i=1}^{n}(d_i-\overline{d})^2}{n-1} = \frac{\sum d_i^2 - n\overline{d}^2}{n-1} \qquad (5.9)$$

【例 1】

若有人想要研究台北與高雄兩都市，市民平均每日花費在閱讀時間的問題。分別從台北市及高雄市隨機抽樣抽出 $n_1=10$，$n_2=15$ 位市民，並記錄這些市民每日閱讀的時數平均數及標準差，數據整理如下：

$\overline{X}_1 = 2.5$，$S_1 = 0.5$

$\overline{X}_2 = 2.3$，$S_2 = 0.6$

若假設 $\sigma_1=\sigma_2$，試檢定台北市與高雄市，市民每日平均閱讀時數是否相同？（$\alpha=0.05$）

解：

按照假設檢定之步驟：

步驟 1：$H_0：\mu_1-\mu_2=0$

步驟 2：$H_1：\mu_1-\mu_2\neq0$

步驟 3：$\alpha=0.05$

此題為小樣本，兩母體變異數未知，但知 $\sigma_1=\sigma_2$，故使用聯合變異數之 t 分配檢定，故

步驟 4：棄卻域

$= \{t_0 \mid t_0 > t_{0.975}(n_1+n_2-2)$ 或 $t_0 < -t_{0.975}(n_1+n_2-2)\}$

$= \{t_0 \mid t_0 > 2.069$ 或 $t_0 < -2.069\}$

步驟 5：計算

應用公式（5.1）

$$t_0 = \frac{(\overline{X}_1 - \overline{X}_2) - (\mu_1 - \mu_2)}{Sp\sqrt{\dfrac{1}{n_1} + \dfrac{1}{n_2}}}$$

$$= \frac{(2.5 - 2.3) - 0}{0.5630\sqrt{\dfrac{1}{10} + \dfrac{1}{15}}} = 0.8703 \not> 2.069$$

式中

$$Sp^2 = \frac{(n_1 - 1)S_1^2 + (n_2 - 1)S_2^2}{n_1 + n_2 - 2} = \frac{9 \times 0.5^2 + 14 \times 0.6^2}{10 + 15 - 2} = 0.3169$$

$$Sp = \sqrt{0.3169} = 0.5630$$

又，查附表二可得 $t_{0.975}(23) = 2.069$

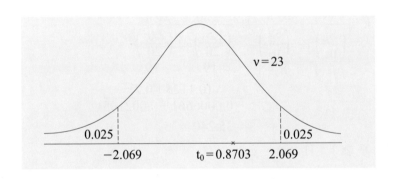

步驟 6：結論

因此，在 $\alpha = 0.05$ 顯著水準之下，沒有足夠的證據可認為台北市與高雄市之居民每日閱讀時間有所不同。

【例 2】

同例 1 之問題，但若台北市與高雄市之抽樣分別為：

$n_1 = 20$，$n_2 = 20$

而且，兩都市之抽樣平均數及標準差如下：

$\overline{X}_1 = 3.0$，$S_1 = 1.5$

$\overline{X}_2 = 2.5$，$S_2 = 2.0$

母體之 σ_1 及 σ_2 未知，也不相等，試以 $\alpha = 0.05$ 之顯著水準檢定兩都市之閱讀時間是否相同？

解：

本例題為小樣本，母體變異數未知也不相等，應以公式（5.3）分析，先求自由度 k

$$k = \frac{\left(\dfrac{S_1^2}{n_1} + \dfrac{S_2^2}{n_2}\right)^2}{\dfrac{\left(\dfrac{S_1^2}{n_1}\right)^2}{n_1 - 1} + \dfrac{\left(\dfrac{S_2^2}{n_2}\right)^2}{n_2 - 1}} = \frac{\left(\dfrac{1.5^2}{20} + \dfrac{2.0^2}{20}\right)^2}{\dfrac{\left(\dfrac{1.5^2}{20}\right)^2}{19} + \dfrac{\left(\dfrac{2.0^2}{20}\right)^2}{19}}$$

$$= \frac{(0.1125 + 0.2)^2}{0.0006661 + 0.002105}$$

$$= 35.240 \doteqdot 35$$

步驟 1：$H_0 : \mu_1 = \mu_2$

步驟 2：$H_1 : \mu_1 \neq \mu_2$

步驟 3：$\alpha = 0.05$

步驟 4：棄卻域

$= \{t_0 | t_0 > t_{0.975}(35) = 2.030$ 或 $t_0 < -t_{0.975}(35) = -2.030\}$

步驟 5：計算

$$t_0 = \frac{(\overline{X}_1 - \overline{X}_2) - 0}{\sqrt{\dfrac{S_1^2}{n_1} + \dfrac{S_2^2}{n_2}}} = \frac{3.0 - 2.5}{\sqrt{\dfrac{1.5^2}{20} + \dfrac{2.0^2}{20}}}$$

$$= \frac{0.5}{0.5590} = 0.8945 \ngtr t_{0.975}(35) = 2.030$$

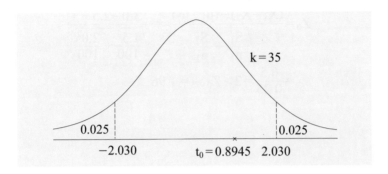

步驟 6 ： 結論

因此，在 $\alpha = 0.05$ 之顯著水準之下，沒有充分之證據推翻 H_0，亦即，台北市與高雄市之市民，每日閱讀的時間，並無充分的證據可認為有所差異。

【例 3】

同例 2 之問題，但是抽樣數 $n_1 = 100$，$n_2 = 100$。

解 ：

此時應該使用公式（5.6）

步驟 1 ： $H_0 ： \mu_1 = \mu_2$

步驟 2 ： $H_1 ： \mu_1 \neq \mu_2$

步驟 3 ： $\alpha = 0.05$

步驟 4 ： 棄卻域 = $\{Z_0 | Z_0 > Z_{0.975} = 1.96$ 或 $Z_0 < -1.96\}$

步驟 5 ： 計算

$$Z_0 = \frac{(\overline{X}_1 - \overline{X}_2) - (\mu_1 - \mu_2)}{\sqrt{\dfrac{S_1^2}{n_1} + \dfrac{S_2^2}{n_2}}} = \frac{3.0 - 2.5}{\sqrt{\dfrac{1.5^2}{100} + \dfrac{2.0^2}{100}}}$$

$$= \frac{0.5}{0.25} = 2 > Z_{0.975} = 1.96$$

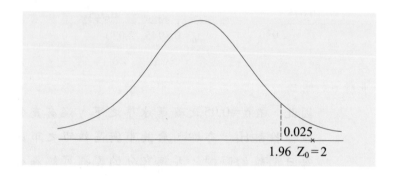

步驟 5：結論

　　因此，在 α＝0.05 之顯著水準之下，拒絕虛無假
設，亦即，可認為台北市與高雄市之市民，每
日閱讀時數確有顯著之差異。

【例 4】

　　隨機從 A、B 兩獨立常態母體中，分別抽樣個數各為
$n_1 = 16$，$n_2 = 25$ 個樣本，並得到以下平均數及標準差：

A：$\overline{X}_1 = 115$，$S_1 = 8.5$

B：$\overline{X}_2 = 120$，$S_2 = 8.8$

假設已知兩母體之變異數相等，試以 α＝0.05 之顯著水準
檢定，母體 A 之平均數不小於母體 B 平均數之假設。

解：

本題為小樣本，兩母體變異數未知但知相等，故使用聯合變異數之 t 分配檢定。

步驟 1：$H_0：\mu_1 - \mu_2 \geqq 0$

$H_1：\mu_1 - \mu_2 < 0$

步驟 2：$\alpha = 0.05$

步驟 3：棄卻域

$$= \{t_0 | t_0 < -t_{0.95}(n_1 + n_2 - 2) = -t_{0.95}(39) = -1.684\}$$

步驟 4：計算

先計算聯合變異數

$$Sp^2 = \frac{(n_1 - 1)S_1^2 + (n_2 - 1)S_2^2}{n_1 + n_2 - 2}$$

$$= \frac{15 \times 8.5^2 + 24 \times 8.8^2}{39} = 75.44$$

$$Sp = \sqrt{75.44} = 8.68$$

$$t_0 = \frac{\overline{X}_1 - \overline{X}_2 - 0}{Sp\sqrt{\dfrac{1}{n_1} + \dfrac{1}{n_2}}} = \frac{115 - 120}{8.68\sqrt{\dfrac{1}{16} + \dfrac{1}{25}}}$$

$$= \frac{-5}{2.7789} = -1.7993 < -1.684$$

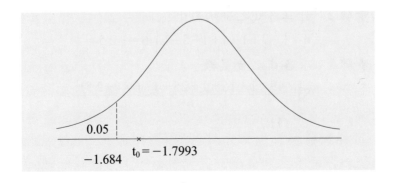

0.05

-1.684 $\quad t_0 = -1.7993$

步驟 5：結論

在 $\alpha = 0.05$ 之顯著水準下，推翻 H_0，亦即，可認為母體 A 之平均數小於母體 B 之平均數。

【例 5】

隨機抽取 6 對雙胞胎，一個由王老師教學，另一個由李老師教學，一年後測驗此 6 對雙胞胎之成績，記錄如下：

雙胞胎	1	2	3	4	5	6
王老師教學	65	75	78	82	67	74
李老師教學	72	74	82	81	72	75

試以 $\alpha = 0.05$ 之顯著水準檢定，王、李兩位老師之教學成績有無顯著差異？

解：

此題中，兩母體中的雙胞胎，具有相當程度上的相關性，不能認為兩個老師之教學成績為互相獨立之母體，因此，宜用成對檢定：

步驟 1：計算兩兩相對成績之差 d_i，各為

d_i：-7，1，-4，1，-5，-1

步驟 2：計算各 d 之平均數 $\bar{d}$

$$\bar{d} = (-7+1-4+1-5-1)/6 = -2.5$$

步驟 3：求各 d_i 之變異數

$$S_d^2 = \frac{49+1+16+1+25+1-6 \times (-2.5)^2}{6-1}$$

$$= 11.1$$

$$S_d = \sqrt{11.1} = 3.33$$

步驟 4：建立假設

$$H_0 : \mu_d = 0$$

$$H_1 : \mu_d \neq 0$$

步驟 5：決定顯著水準

令 $\alpha = 0.05$

步驟 6：以 t 分配為檢定統計量

$$棄卻域 = \{t_0 \| t_0 \| > t_{1-\alpha/2}(n-1)$$

$$= t_{0.975}(5) = 2.5705\}$$

步驟 7：計算

$$|t_0| = \left| \frac{\overline{d} - 0}{S_d/\sqrt{n}} \right| = \left| \frac{-2.5}{3.33/\sqrt{6}} \right|$$

$$= |-1.8389| = 1.8389 \not> 2.5705$$

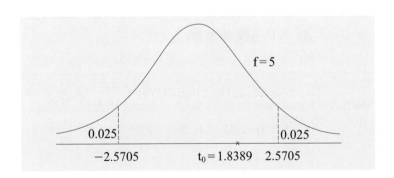

步驟 8：結論

在 $\alpha = 0.05$ 之顯著水準下，沒有充分之證據推翻
虛無假設，亦即，可認為王、李兩位老師之教
學成績沒有顯著差異。

兩母體平均數差的區間估計

所使用之統計量與檢定所使用之統計量相同。

3.1　兩母體差平均數信賴區間估計之步驟

步驟 1：計算兩組樣本平均數 $\overline{X}_1$、$\overline{X}_2$

步驟 2：計算兩組樣本標準差 S_1、S_2

步驟 3：決定顯著水準 α

步驟 4：決定使用之統計量

其使用之情況，一如前面所敘各種檢定情形統計量。

步驟 5：建立母體差平均數之 $1-\alpha$ 信賴區間

小樣本、母體變異數未知但相等，母體差平均數之 $1-\alpha$ 信賴區間為：

$$[\overline{X}_1 - \overline{X}_2 - t_{1-\alpha/2}(n_1 + n_2 - 2) \times Sp \times \sqrt{\frac{1}{n_1} + \frac{1}{n_2}},$$
$$\overline{X}_1 - \overline{X}_2 + t_{1-\alpha/2}(n_1 + n_2 - 2) \times Sp \times \sqrt{\frac{1}{n_1} + \frac{1}{n_2}}]$$

小樣本、母體變異數未知也不相等，則信賴區間為（k 值如（5.4）式）：

$$[\overline{X}_1 - \overline{X}_2 - t_{\alpha/2}(k) \times \sqrt{\frac{S_1^2}{n_1} + \frac{S_2^2}{n_2}}, \ \overline{X}_1 - \overline{X}_2 + t_{\alpha/2}(k) \times \sqrt{\frac{S_1^2}{n_1} + \frac{S_2^2}{n_2}}]$$

大樣本母體變異數未知、或是小樣本但是母體變異數已知，其母體差平均數之 $1-\alpha$ 信賴區間為：

$$[\overline{X}_1-\overline{X}_2-Z_{1-\alpha/2}\times\sqrt{\frac{S_1^2}{n_1}+\frac{S_2^2}{n_2}},\ \overline{X}_1-\overline{X}_2+Z_{1-\alpha/2}\times\sqrt{\frac{S_1^2}{n_1}+\frac{S_2^2}{n_2}}]$$

或

$$[\overline{X}_1-\overline{X}_2-Z_{1-\alpha/2}\times\sqrt{\frac{\sigma_1^2}{n_1}+\frac{\sigma_2^2}{n_2}},\ \overline{X}_1-\overline{X}_2+Z_{1-\alpha/2}\times\sqrt{\frac{\sigma_1^2}{n_1}+\frac{\sigma_2^2}{n_2}}]$$

【例 6】

同例 1 之問題，但是以下各子題之抽樣數已改變，且 $S_1=0.5$，$S_2=0.6$，試以：

(1) $n_1=10$，$n_2=15$，σ_1、σ_2 未知，但相等；

(2) $n_1=20$，$n_2=20$，σ_1、σ_2 未知也不相等；

(3) $n_1=n_2=100$。

分別試求 $\mu_1-\mu_2$ 之 95% 信賴區間。

解：

信賴區間之估計，與檢定所使用的統計量其實是相同的，茲分別計算各子題之信賴區間。

(1)如例 1 統計量之使用，$\mu_1-\mu_2$ 之 95% 信賴區間估計之步驟為：

步驟 1：$\overline{X}_1-\overline{X}_2=2.5-2.3=0.2$

步驟 2：$S_1=0.5$，$S_2=0.6$

步驟 3：$\alpha=0.05$

步驟 4：此題為小樣本，而且母體標準差未知但相等，

因此使用聯合變異數（Sp＝0.5630），及（5.1）式

步驟 5：$\mu_1 - \mu_2$ 之 0.95 信賴區間為

$$[\overline{X}_1 - \overline{X}_2 - t_{1-\alpha/2}(n_1 + n_2 - 2)\,Sp\sqrt{\frac{1}{n_1} + \frac{1}{n_2}},$$

$$\overline{X}_1 - \overline{X}_2 + t_{1-\alpha/2}(n_1 + n_2 - 2)\,Sp\sqrt{\frac{1}{n_1} + \frac{1}{n_2}}]$$

$$[2.5 - 2.3 - 2.069 \times 0.5630 \times \sqrt{\frac{1}{10} + \frac{1}{15}},$$

$$2.5 - 2.3 + 2.069 \times 0.5630 \times \sqrt{\frac{1}{10} + \frac{1}{15}}]$$

$$= [0.2 - 2.069 \times 0.5630 \times 0.4082,$$

$$0.2 + 2.069 \times 0.5630 \times 0.4082]$$

$$= [-0.2755, 0.6755]$$

亦即，$[-0.2755, 0.6755]$ 為 $\mu_1 - \mu_2$ 之 95% 信賴區間。

※由此例亦可看出，由於 $0 \in [-0.2755, 0.6755]$，可以認為 $\mu_1 - \mu_2 = 0$ 是在所允許的範圍之內，μ_1 與 μ_2 並無顯著之差異，此結果與例 1 相同。

(2)如例 2 使用之統計量：

步驟 1：$\overline{X}_1 - \overline{X}_2 = 3.0 - 2.5 = 0.5$

步驟 2：$S_1 = 0.5$，$S_2 = 0.6$

步驟 3：$\alpha = 0.05$

步驟 4：由於已知兩母體標準差不相等，且為小樣本，故使用 t 分配

$$t_0 = \frac{\overline{X}_1 - \overline{X}_2 - (0)}{\sqrt{\dfrac{S_1^2}{n_1} + \dfrac{S_2^2}{n_2}}} = \frac{0.5}{0.1746} = 2.8636$$

此 t_0 統計量為滿足自由度為 k 之 t 分配，

$$k = \frac{\left(\dfrac{S_1^2}{n_1} + \dfrac{S_2^2}{n_2}\right)^2}{\dfrac{\left(\dfrac{S_1^2}{n_1}\right)^2}{n_1-1} + \dfrac{\left(\dfrac{S_2^2}{n_2}\right)^2}{n_2-1}} = \frac{\left(\dfrac{0.5^2}{20} + \dfrac{0.6^2}{20}\right)^2}{\dfrac{\left(\dfrac{0.5^2}{20}\right)^2}{19} + \dfrac{\left(\dfrac{0.6^2}{20}\right)^2}{19}}$$

$$= 36.9 \doteqdot 37$$

步驟 5：則 $\mu_1 - \mu_2$ 之 95% 信賴區間為

$$[\overline{X}_1 - \overline{X}_2 - t_{0.975}(37)\sqrt{\frac{0.5^2}{20} + \frac{0.6^2}{20}},$$

$$\overline{X}_1 - \overline{X}_2 + t_{0.975}(37)\sqrt{\frac{0.5^2}{20} + \frac{0.6^2}{20}}]$$

$$= [0.5 - t_{0.975}(37) \times 0.1746,$$

$$0.5 + t_{0.975}(37) \times 0.1746]$$

$$= [0.1447, 0.8553]$$

此例中，由於 $0 \notin [0.1447, 0.8553]$，因此亦可判定 μ_1 與 μ_2 在 $\alpha = 0.05$ 之顯著水準下，有顯著之差異。

(3)此為大樣本之問題，使用常態統計量

步驟 1：$\overline{X}_1 - \overline{X}_2 = 3.0 - 2.5 = 0.5$

步驟 2：$S_1 = 0.5$，$S_2 = 0.6$

步驟 3：$\alpha = 0.05$

步驟 4：使用之統計量為

$$Z_0 = \frac{\overline{X}_1 - \overline{X}_2 - 0}{\sqrt{\dfrac{S_1^2}{n_1} + \dfrac{S_2^2}{n_2}}}$$

步驟 5：$\mu_1 - \mu_2$ 之 95% 信賴區間為

$$[\overline{X}_1 - \overline{X}_2 - Z_{0.975} \times \sqrt{\frac{S_1^2}{n_1} + \frac{S_2^2}{n_2}}, \overline{X}_1 - \overline{X}_2 + Z_{0.975} \times \sqrt{\frac{S_1^2}{n_1} + \frac{S_2^2}{n_2}}]$$
$$= [0.5 - 1.96 \times 0.1746, 0.5 + 1.96 \times 0.1746]$$
$$= [0.1578, 0.8422]$$

兩母體變異數之檢定

在使用聯合變異數 t 分配檢定時，先決的條件是：已知兩母體變異數相等。因此，如何檢定兩母體之變異數是否相等，就要作兩母體變異數比例之檢定，此種檢定可分為三種型態。

⑴兩尾檢定

虛無假設：$H_0 : \sigma_1^2 = \sigma_2^2$
對立假設：$H_1 : \sigma_1^2 \neq \sigma_2^2$

⑵右尾檢定

虛無假設：$H_0 : \sigma_1^2 \leqq \sigma_2^2$
對立假設：$H_1 : \sigma_1^2 > \sigma_2^2$

⑶左尾檢定

虛無假設：$H_0 : \sigma_1^2 \geqq \sigma_2^2$
對立假設：$H_1 : \sigma_1^2 < \sigma_2^2$

若為了檢定 $\sigma_1^2 = \sigma_2^2$，通常使用兩尾檢定。

兩母體變異數比例相等檢定之步驟

步驟 1：設立虛無假設 H_0：$\sigma_1^2 = \sigma_2^2$

設立對立假設 H_1：$\sigma_1^2 \neq \sigma_2^2$

步驟 2：決定顯著水準 α

步驟 3：決定棄卻域

棄卻域 $= \{F_0 | F_0 > F_{1-\frac{\alpha}{2}}(f_1, f_2)$ 或 $F_0 < F_{\frac{\alpha}{2}}(f_1, f_2)\}$

步驟 4：計算

$$F_0 = \frac{S_1^2}{S_2^2}$$

步驟 5：如果 F 落入棄卻域，則推翻虛無假設，亦即，兩母體之變異數不相等；若是 F 未落入棄卻域，則在顯著水準 α 之條件下，沒有充分的證據推翻虛無假設，亦即，可認為兩母體之變異數為相等。

【例 7】

設由二供應商隨機抽取各一組樣本，其樣本數以及樣本變異數如下：

甲公司：$n_1 = 25$，$S_1^2 = 36$；

乙公司：$n_2 = 16$，$S_2^2 = 25$；

試檢定此兩母體變異數是否相等？（$\alpha = 0.05$）

解：

步驟 1：H_0：$\sigma_1^2 = \sigma_2^2$

H_1：$\sigma_1^2 \neq \sigma_2^2$

步驟 2：α＝0.05

步驟 3：棄卻域＝{F_0|F_0＞$F_{0.975}$（24, 15）＝2.7006 或

F_0＜$F_{0.025}$（24, 15）＝0.4103}

步驟 4：$F_0 = \dfrac{36}{25} = 1.44 \not> 2.7006$

$\not< 0.4103$

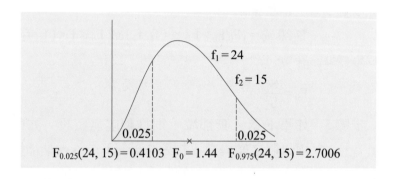

$f_1 = 24$
$f_2 = 15$
0.025   0.025
$F_{0.025}(24, 15) = 0.4103$ $F_0 = 1.44$ $F_{0.975}(24, 15) = 2.7006$

步驟 5：結論

在 α＝0.05 之顯著水準之下，沒有充分的證據推
翻虛無假設，亦即，可認為兩母體之變異數為
相等。

習　題

1. 某醫學中心，對於新發展出的「降血壓藥」檢定評估，於病患中，隨機挑選 20 人接受新藥治療，六個月後，記錄此 20 人之「收縮壓」為：

   120，125，118，124，125，130，129，125，147，126，

   125，151，150，132，125，145，160，124，135，140

   另於病患中隨機抽取有 20 人，未接受藥物治療，六個月後記錄其血壓情形，其「收縮壓」為：

   152，162，187，165，158，159，156，158，174，123，

   152，145，156，185，147，145，181，145，162，158

   試檢驗此「降血壓藥」是否確實有效？（α＝0.01）

2. 有某種食品，請 50 位男性評分員評分，其平均分數為 84 分，變異數為 10 分；另有 40 位女性評分員，其評分平均數為 82 分，變異數為 8 分。試求：（α＝0.05）

   (1) 全體 90 位評分員對於該食品評分之平均數及變異數。

   (2) 檢定男女評分員對於該食品之評分有無差異。

3. 隨機從 A、B 兩母體抽出 25 與 20 個樣本，分別得出以下平均數及標準差：

   A：$\overline{X}_1 = 28$，$S_1 = 5$

   B：$\overline{X}_2 = 25$，$S_2 = 7$

   (1) 試檢定 A、B 兩母體之平均數是否有差異？（假設母體變異數相等，α＝0.02）

(2)試求 $\mu_1 - \mu_2$ 之95%信賴區間。

4. 設甲、乙兩店之每月營業額滿足常態分配，今隨機抽出各10天，記錄其營業額：

甲店：100，120，140，150，146，123，150，200，185，200

乙店：120，100，150，180，100，100，150，250，145，150

試問：（$\alpha = 0.05$）

(1)若是兩店母體變異數相等，檢定此兩店之平均營業額有無差異？

(2)假若此兩店母體變異數不相等，檢定此兩店之平均營業額有無差異？

(3)試求此兩店之共同平均營業額及變異數。

(4)試求甲、乙兩店營業額差異之0.95信賴區間。

5. 為決定何者廠牌之輪胎壽命較長，今隨機抽取A、B兩公司之輪胎各50個，記錄其輪胎使用之壽命，並求出變異數如下：

A：$\overline{X}_1 = 25000$，$S_1^2 = 100$（單位：公里）

B：$\overline{X}_2 = 32000$，$S_2^2 = 200$

設輪胎壽命近似於常態分配，試檢定：

(1)A、B兩廠牌輪胎壽命有無差異？（$\alpha = 0.01$）

(2)試求A、B兩廠牌輪胎壽命差異之90%信賴區間。

6. 從甲、乙兩學校各隨機抽樣50及36位學生之統計學成績。甲校平均分數82分，標準差15分；乙校平均成績70分，標準差5分，是否可以宣稱甲校平均成績高於乙校平均成績10分？（$\alpha = 0.05$）

7. 鄭老師以不同的國文教學法，教導甲、乙兩班，假設兩班

的成績皆為滿足常態分配，且變異數相等。今在此兩班中隨機抽樣，並調查其成績平均數及變異數如下：

甲班：$n_1 = 18$ 人，$\overline{X}_1 = 82$ 分，$S_1^2 = 15$ 分；

乙班：$n_2 = 20$ 人，$\overline{X}_2 = 79$ 分，$S_2^2 = 14$ 分；

(1)試以 $\alpha = 0.05$ 之顯著水準檢驗，甲、乙兩班之平均成績是否不同？

(2)若是此兩班之成績變異數並不相同，試再分析題(1)。

(3)試求甲、乙兩班成績平均數之 0.95 信賴區間。

8. 設甲、乙兩店之每日營業額呈常態分配，今隨機抽樣得出以下資料：

甲店：$n_1 = 50$ 日，$\overline{X}_1 = 65000$ 元，$S_1 = 2100$ 元；

乙店：$n_2 = 64$ 日，$\overline{X}_2 = 72000$ 元，$S_2 = 1500$ 元；

試以 $\alpha = 0.05$ 之顯著水準檢驗，是否可認為乙店之營業額高於甲店？

9. 設母體資料滿足常態分配，隨機抽樣 100 筆數據，得出：$\overline{X} = 500$，$\sum\limits_{i=1}^{100} (x_i - \overline{X})^2 = 670$，試求 μ 之 0.95 信賴區間。

10. 試求習題 1. 中，接受以及未接受藥物治療之「收縮壓」差異之 0.95 信賴區間。

11. 習題 2. 中，試求男、女評分員評分差異之 0.95 信賴區間。

12. 習題 6. 中，試求甲、乙兩校統計學平均成績之 0.95 信賴區間。

13. A financial analyst wishes to compare the average divided yields of stocks traded on the New York Stock Exchange with those traded "over the counter" on the NASDAQ national market listing.

Random samples of 21 companies from the New York Stock Exchange and 25 stock from the NASDAQ national market listing are selected and the results are as follows:

	New York Stock Exchange	NASDAQ listing
Sample Size	21	25
Mean	3.27	2.53
Variance	1.698	1.353
Smallest	0.9	0.4
25% quantile	2.65	1.75
Media	3.0	2.4
75% quantile	3.55	3.25
Largest	6.4	5.1

Is there any evidence of difference in average divided yield between the two population of stock listings? What's the assumptions you would need to make in order to answer the question?

【88 政大金融】

14. Consider we have available a random sample $X_1, X_2, ..., X_n$ from a normal distribution, and wish to predict the value of X_{n+1}. Derive the prediction intervals (PI) for a single future observation.

【87 中央企管乙】

15. (1) Under what model assumptions can a two-sample students; statistic be used in making inference about the difference between

two population means?

(2) When the population variances are both equal to σ^2, what are the advantages, if any, of using a two-sample pooled estimator of σ^2 rather than either sample variance S_1^2 or S_2^2, alone?

(3) Under what model assumptions can a paired-sample student's statistic be used in making inference about the different between two population means? 【90 交大管科、經管所】

16. 為分析兩停車場停車需花費的時間（單位：分鐘），今分別抽樣 n＝15 及 m＝20 筆顧客停車時間的資料，整理如下：

	樣本數	平均數	標準差
母體 1	n＝15	16.73	3.75
母體 2	m＝20	22.43	5.34

(a)試問兩停車場停車花費的平均時間有無顯著差異？
（$\alpha＝0.05$, $z(0.025)＝1.96$, $t(0.025, 33)＝2.035$）

(b)試述您在(a)的解法中應有的假設條件。

【87 逢甲企管】

17. Two statistics teachers, Mr. Chan and Mr. Huang argue about their abilities at golf. Mr. Chan claims that with a number 7 iron he can hit the ball, on average, at least 10 m further than Mr. Huang. Denoting the distance Mr. Chan hits the ball by $(100+c)$ meters, the following results were obtained: $n_1＝40$, $\Sigma c＝80$, $\Sigma(c-\bar{c})^2＝1132$, Denotance the distance Mr. Huang hits the ball by $(100+t)$ meters, the following results were obtained: $n_2＝35$, $\Sigma t＝-175$, $\Sigma(t-\bar{t})^2$

= 1197. If the distances for both teachers are normally distributed with a common variance,

(a)What is an unbaises estimate of this common variance?

(b)Test whether there is any evidence, at the 1% level, to support Mr. Chan's claim.

(c)Find the type II error if Mr. Chan can hit the ball, in fact, 5 m further than Mr. Huang.　　　　　【87 台科大企管所】

18. Ten brand A tires and ten brand B tires were selected at random, and one brand A tire and one brand B tire were placed on the back wheels of each of ten different cars. The following distances to wearout in thousands of miles were recorded.

Car

	1	2	3	4	5	6	7	8	9	10
A	23	20	26	25	48	26	25	24	15	20
B	20	30	16	33	23	24	8	21	23	18

(1) Assume that the differences are normally distributed, and use a paired sample t-test to test $H_0 : \mu_A = \mu_B$, against: $\mu_A > \mu_B$, $\alpha = 0.10$.

(2) Rework part (1) using the two-sample sign test.

【86 台大國企】

19. A new purification unit is installed in chemical process. Before its installation, a random sample yielded the following data about the percentage of impurity: $\bar{x}_1 = 9.85$, $s_1^2 = 81.73$, and $n_1 = 10$. After installation, a random sample resulted in $\bar{x}_2 = 8.08$, $s_2^2 = 78.46$, and

$n_2 = 8. (\alpha = 0.05)$

(a)Can you conclude that the two variances are equal?

(b)Can you conclude that the new purification device has reduced the mean percentage of impurity? 【87 東華企管】

20. 兩種預測股價模式，其股價預測變異數如下：

模式	樣本大小	樣本變異數
A	31	25
B	25	12

用 $\alpha = 0.1$，分母自由度 30，分子自由度 24，$F_{0.05} = 1.89$；分母自由度 24，分子自由度 30，$F_{0.05} = 1.94$，檢定二母體變異數是否相等？（請列出計算內容） 【88 屏技資管所】

21. 某人想知道一個用慣了右手的人是否右手比左手靈活。他邀請了 10 位慣用右手的同學做以下實驗：先在一碗放了十顆彈珠，要每人先用右手以筷子夾這些彈珠往另一碗，然後再用左手將它們夾回原碗。為了讓他們熟習這些實驗，先讓他們每人做 3 次，第 4 次才計算時間。結果如下（單位：分鐘）：

參加者i	1	2	3	4	5	6	7	8	9	10
右手χ_i	1.2	2.0	1.8	2.3	1.9	1.4	1.9	3.0	3.5	4.0
左手γ_i	2.8	4.0	4.5	3.5	1.3	2.5	3.7	2.3	4.0	4.0

假設資料是 Normal Distribution，從實驗結果是否可推論右

手比左手有效率（使用 One-Side test, level of Significance α＝0.05）？

22. A study is performed to compare the speed of typing on a word processor with that on electric typewriter. The collected data is as follows.

Secretary	word processor	electric typewriter
1	32 (word/min)	39
2	11	15
3	21	35
4	17	13
5	30	41
6	38	39

(a)To test if word processor is faster. (α＝0.05)

(b)To analysis this problem, what assumptions are required.

【87 政大財管】

第六章

三個母體以上平均數之檢定及推估

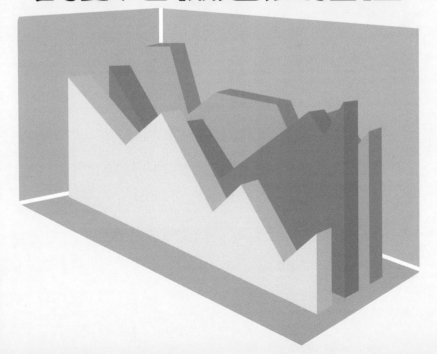

　　對於三個組以上（k 組），母體平均數之檢定，通常檢定此 k 組獨立之母體平均數是否相等，使用的統計工具為「變異數分析」（Analysis of Variance, ANOVA）。

平均數檢定之基本概念

　　變異數分析，係將各組資料所發生的總變異，依其可能發生變異的來源，分割成幾個部分，每一部分變異都可歸因於某種原因，此即「變異來源」。以統計的方法測度這些變異來源，可以測知這些變異之間是否具有顯著之差異。若有顯著差異，則表示此一變異來源，對於該研究資料具有顯著之影響作用；若不顯著，則可認為沒有影響之作用。

　　假設欲檢定k組互相獨立母體之平均數，檢定各組平均數 $\mu_1 = \mu_2 = \mu_3 = \cdots = \mu_k$，假設各組抽樣個數分別為 n_1，n_2，$\cdots$，n_k，$i = 1, 2, 3, \cdots, k$。其虛無假設及對立假設如下：

$$H_0 : \mu_1 = \mu_2 = \cdots = \mu_k$$
$$H_1 : 並非所有的 \mu_i \cdot \mu_j 都相等$$

　　其檢定的主要方法，是利用「組間平方和」（Between Groups Sum of Square, SSB）與「組內平方和」（Within Groups Sum of Square, SSW）作出比較，將此二種平方和各除以本身之「自由度」，即構成了兩母體之「變異數」，將此兩個獨立的變異數相除，即可構成了「F」分配。

　　計算第 i 組的變異為：

$$SS_i = (x_1 - \overline{X}_i)^2 + (x_2 - \overline{X}_i)^2 + \cdots + (x_{n_i} - \overline{X}_i)^2$$
$$= \sum_{j=1}^{n_i} (x_j - \overline{X}_i)^2 \tag{6.1}$$

因此，組內平方和（SSW）為：

$$SSW = SS_1 + SS_2 + \cdots + SS_k$$
$$= \sum_{i=1}^{k} \sum_{j=1}^{n_i} (x_j - \overline{X}_i)^2 \tag{6.2}$$

令 $\overline{\overline{X}}_0$ 為全部資料之平均數，則各組組間平方和為：

$$SSB = n_1 (\overline{X}_1 - \overline{\overline{X}}_0)^2 + n_2 (\overline{X}_2 - \overline{\overline{X}}_0)^2 + \cdots + n_k (\overline{X}_k - \overline{\overline{X}}_0)^2$$
$$= \sum_{i=1}^{k} n_i (\overline{X}_i - \overline{\overline{X}}_0)^2 \tag{6.3}$$

將 SSB 與 SSW 各除以自由度之後，並再相除，則

$$F_0 = \frac{SSB/k-1}{SSW/N-k} \tag{6.4}$$

式中之 $N = n_1 + n_2 + \cdots + n_k$

此 F_0 統計量為服從自由度（$k-1$, $N-k$）之 F 分配，亦即，若是

$$F_0 > F_{1-\alpha}(k-1, N-k) \text{ 即表示拒絕 } H_0$$

1.1 變異數分析之步驟

假設有 k 組資料，每一組各有 n_1，n_2，n_3，$\cdots$，n_k 個數據，又 $n_1 + n_2 + n_3 + \cdots + n_k = N$；全部數據之總平均數為 $\overline{\overline{X}}_0$。

步驟 1：設立虛無假設

$$H_0 : \mu_1 = \mu_2 = \cdots = \mu_k$$

步驟 2：設立對立假設

$$H_1 : 各 \mu_i 與 \mu_j 不完全相等$$

步驟 3：計算各組之變異

先求各組平均數 $\overline{X}_i$，$i = 1, 2, 3, \cdots, k$

$$SS_i = \sum_{j=1}^{n_i} (x_j - \overline{X}_i)^2$$

步驟 4：計算組內平方和

$$SSW = \sum_{i=1}^{k} SS_i$$

步驟 5：計算組間平方和

$$SSB = \sum_{i=1}^{k} n_i (\overline{X}_i - \overline{\overline{X}}_0)^2$$

步驟 6：計算總變異

$$SST = SSW + SSB$$

步驟 7：計算各自由度

$$df(SST) = N - 1$$

$$df(SSB) = k - 1$$

$$df(SSW) = N - k$$

步驟 8：決定顯著水準

$$\alpha = 0.05 \text{ 或 } \alpha = 0.01$$

步驟 9：將以上之計算彙整成 ANOVA 表

ANOVA

變異來源	SS	df	MS	F
組間	SSB	$k-1$	$MSB = SSB/k-1$	MSB/MSW
組內	SSW	$N-k$	$MSW = SSW/N-k$	
總變異	SST	$N-1$		

步驟 10：結論

$$假若 F_0 = \frac{MSB}{MSW} > F_{1-\alpha}(k-1, N-k)$$

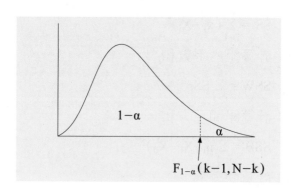

則在 α 之顯著水準下，推翻 H_0，亦即各 μ_i、μ_j 不全相等。若是 $F_0 \not> F_{1-\alpha}(k-1, N-k)$，則表示沒有充分的證據推翻 H_0，亦即，可認為所有的 μ_i，μ_j 皆相等。

【例 1】

假設有 4 個班級，各班人數以及該班統計學成績之平均

數及標準差如下：

$n_1 = 50$，$\overline{X_1} = 82$，$S_1 = 4$

$n_2 = 50$，$\overline{X_2} = 80$，$S_2 = 5$

$n_3 = 40$，$\overline{X_3} = 75$，$S_3 = 6$

$n_4 = 60$，$\overline{X_3} = 60$，$S_4 = 10$

試檢定此4個班級之統計學平均成績是否相等。（$\alpha = 0.05$）

解：

步驟1：$H_0 : \mu_1 = \mu_2 = \mu_3 = \mu_4$

步驟2：$H_1 :$ 各 μ_i，μ_j 不完全相等

步驟3：計算各組變異

$$SS_1 = \sum_{j=1}^{50} (x_j - \overline{X_1})^2 = 49 \times S_1^2 = 49 \times 16 = 784$$

$$SS_2 = 49 \times 25 = 1225$$

$$SS_3 = 39 \times 36 = 1404$$

$$SS_4 = 59 \times 100 = 5900$$

步驟4：計算組內平方和

$$SSW = SS_1 + SS_2 + SS_3 + SS_4 = 9313$$

步驟5：計算組間平方和

先求總平均數

$$\overline{\overline{X_0}} = \frac{50 \times 82 + 50 \times 80 + 40 \times 75 + 60 \times 60}{50 + 50 + 40 + 60} = 73.5$$

$$SSB = 50(\overline{X_1} - \overline{\overline{X_0}})^2 + 50(\overline{X_2} - \overline{\overline{X_0}})^2 + 40(\overline{X_3} - \overline{\overline{X_0}})^2$$
$$+ 60(\overline{X_4} - \overline{\overline{X_0}})^2$$
$$= 50(82 - 73.5)^2 + 50(80 - 73.5)^2 + 40(75 - 73.5)^2$$
$$+ 60(60 - 73.5)^2$$

$$= 3612.5 + 2112.5 + 90 + 10935$$
$$= 16750$$

步驟 6：計算總變異

$$SST = SSW + SSB$$
$$= 9313 + 16750 = 26063$$

步驟 7：計算各組自由度

$$df(SST) = N - 1 = 199$$
$$df(SSB) = k - 1 = 3$$
$$df(SSW) = N - k = 196$$

步驟 8：決定顯著水準

$$\alpha = 0.05$$

步驟 9：將以上之計算寫成以下格式，稱之為「變異數分析表」（Analysis of Variance, ANOVA）：

四個班級統計成績之 ANOVA

變異來源	df	SS	MS	F
組間	k−1=3	SSB=16750	MSB=SSB/3=5583.3	$\dfrac{5583.3}{47.51} = 117.52$
組內	N−k=196	SSW=9313	MSW=SSW/196=47.51	
總變異	N−1=199	SST=26063		

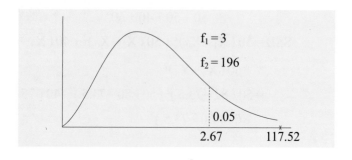

步驟 10：結論

由於 117.52＞$F_{0.95}(3, 196)$＝2.67（式中之 $F_{0.95}(3, 196)$ 查本書之附表四），可知，在 α＝0.05 顯著水準下，這 4 個班級之統計學平均成績有顯著之差異，亦即，此 4 班之統計學平均成績不完全相同。

【例 2】

某工廠有四部機器 A、B、C、D，由於每部機器之性能不盡相同，該工廠想要了解各機器之生產量是否不同，記錄各機器每小時生產量之觀察值如下表：

四部機器每小時之生產量

機器	A	B	C	D
產 量	15	13	18	13
	10	13	17	13
	12	12	16	12
	16	14		11
	17			11

試以 α＝0.05 顯著水準檢定，此四部機器之平均生產量是否有所不同？

解：

設四部機器之每小時平均生產量各為 μ_1，μ_2，μ_3，μ_4。

步驟 1：H_0：$\mu_1＝\mu_2＝\mu_3＝\mu_4$

步驟 2：H_1：各 μ_i，μ_j 不完全相等

步驟 3：計算各機器觀察值平均值

$$\overline{X}_1 = (15 + 10 + 12 + 16 + 17) / 5 = 14$$

$$\overline{X}_2 = (13 + 13 + 12 + 14) / 4 = 13$$

$$\overline{X}_3 = (18 + 17 + 16) / 3 = 17$$

$$\overline{X}_4 = (13 + 13 + 12 + 11 + 11) / 5 = 12$$

步驟 4：計算各組變異

$$SS_1^2 = \sum_{j=1}^{5} (x_{ij} - \overline{X}_1)^2$$

$$= 15^2 + 10^2 + 12^2 + 16^2 + 17^2 - 5 \times 14^2 = 34$$

$$SS_2^2 = 13^2 + 13^2 + 12^2 + 14^2 - 4 \times 13^2 = 2$$

$$SS_3^2 = 18^2 + 17^2 + 16^2 - 3 \times 17^2 = 2$$

$$SS_4^2 = 13^2 + 13^2 + 12^2 + 11^2 + 11^2 - 5 \times 12^2 = 4$$

$$SSW = SS_1^2 + SS_2^2 + SS_3^2 + SS_4^2 = 34 + 2 + 2 + 4 = 42$$

步驟 5：首先計算總平均數

$$\overline{\overline{X}}_0 = \frac{5 \times 14 + 4 \times 13 + 3 \times 17 + 5 \times 12}{5 + 4 + 3 + 5} = 13.7058$$

再計算組間平方和

$$SSB = 5 \times (14 - 13.7058)^2 + 4 \times (13 - 13.7058)^2$$

$$+ 3 \times (17 - 13.7058)^2 + 5 \times (12 - 13.7058)^2$$

$$= 49.5294$$

步驟 6：計算總變異

$$SST = SSW + SSB = 91.5294$$

步驟 7：決定自由度

$$df(SST) = N - 1 = 16$$

$$df(SSB) = k - 1 = 3$$

$$df(SSW) = N - k = 13$$

步驟 8：令 $\alpha = 0.05$

步驟 9：製作 ANOVA

ANOVA

來源	SS	df	MS	F
組間	SSB = 49.5294	3	SSB/3 = 16.5098	$\dfrac{16.5098}{3.2308} = 5.1101$
組內	SSW = 42	13	SSW/13 = 3.2308	
總變異	SST = 91.5294	16		

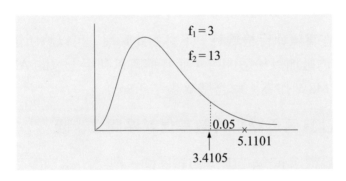

步驟 10：結論

因為 $F_0 = 5.1101 > F_{0.95} (3, 13) = 3.4105$

因此，在 $\alpha = 0.05$ 之顯著水準下，推翻虛無假設，亦即此四種機器之平均生產量並不相同。

兩母體平均數差的信賴區間

經過 ANOVA 檢定結果，若是此 k 組母體平均數具有顯著差異，並不代表其中任意二組母體平均數都有差異，此時我們應該進一步檢驗，是否還會有某兩組母體平均數可能會

相等。

　一般來說，應該在 k 組母體中，將所有的兩組母體皆一一作比較，此種比較稱之為「多重比較」（Multiple Comparisons），亦即要比較：

$$H_0：\mu_1=\mu_2，H_0：\mu_1=\mu_3，\cdots$$
$$H_0：\mu_2=\mu_3，H_0：\mu_2=\mu_4，\cdots$$
$$H_0：\mu_3=\mu_4，H_0：\mu_3=\mu_5，\cdots$$

　但在實際執行檢驗時，不必如此繁複，可以將所懷疑的母體平均數加以檢驗即可，而且還可以利用上述的 ANOVA 表中的 MSW 作為「聯合變異數」（Sp^2）。

2.1 計算兩母體平均數差信賴區間之步驟

假設欲求 $\mu_i-\mu_j$ 之 $1-\alpha$ 信賴區間，則

步驟 1：計算
$$\overline{X}_i-\overline{X}_j$$

步驟 2：由 ANOVA 表，查出 $Sp^2=MSW$，則
$$Sp=\sqrt{Sp^2}$$

步驟 3：決定 t 統計量之自由度 $=N-k$

步驟 4：查表求出 $t_{\alpha/2}(N-k)$

步驟 5：$\mu_i-\mu_j$ 之 $1-\alpha$ 信賴區間為
$$[\overline{X}_i-\overline{X}_j-t_{1-\alpha/2}\times(N-k)\,Sp\times\sqrt{\frac{1}{n_i}+\frac{1}{n_j}}，$$
$$\overline{X}_i-\overline{X}_j+t_{1-\alpha/2}\times(N-k)\,Sp\times\sqrt{\frac{1}{n_i}+\frac{1}{n_j}}] \qquad (6.5)$$

步驟 6：若欲由信賴區間結果判定：$H_0 : \mu_i - \mu_j = 0$ 之虛無假設，則若 0 屬於此信賴區間，則拒絕虛無假設；否則，就沒有充分的證據推翻虛無假設。

【例 3】

以例 1 而言，試求 $\mu_1 - \mu_2$ 之 95% 信賴區間。

解：

步驟 1：計算 $\overline{X}_1 - \overline{X}_2 = 82 - 80 = 2$

步驟 2：查 ANOVA，得出

$Sp^2 = MSW = 47.51$

$Sp = 6.89$

步驟 3：自由度 $= N - k = 196$

步驟 4：查附表

$t_{0.975}(N-k) = t_{0.975}(196) = 1.97$

步驟 5：$\mu_1 - \mu_2$ 之 0.95 信賴區間為

$$[\overline{X}_1 - \overline{X}_2 - t_{0.975}(196) \times 6.89 \times \sqrt{\frac{1}{50} + \frac{1}{50}},$$
$$\overline{X}_1 - \overline{X}_2 + t_{0.975}(196) \times 6.89 \times \sqrt{\frac{1}{50} + \frac{1}{50}}]$$
$$= [82 - 80 - 1.97 \times 6.89 \times 0.2,$$
$$82 - 80 + 1.97 \times 6.87 \times 0.2]$$
$$= [-0.71, 4.71]$$

即，$[-0.71, 4.71]$ 為 $\mu_1 - \mu_2$ 之 0.95 信賴區間。

步驟 6：從這個信賴區間也可以得出檢定的效果，由於 $0 \in [-0.71, 4.71]$，由此也可推論出，μ_1 與 μ_2 在 $\alpha = 0.05$ 顯著水準下，並無顯著差異。

【例 4】

然而對於 $\mu_1 - \mu_4$ 之 95% 信賴區間為：

$$[\overline{X}_1 - \overline{X}_4 - t_{0.975}(36) \times 16.08 \times \sqrt{\frac{1}{50} + \frac{1}{60}},$$

$$\overline{X}_1 - \overline{X}_4 + t_{0.975}(36) \times 16.08 \times \sqrt{\frac{1}{50} + \frac{1}{60}}]$$

$$= [\overline{X}_1 - \overline{X}_4 - 2.02 \times 16.08 \times 0.1914,$$

$$\overline{X}_1 - \overline{X}_4 + 2.02 \times 16.08 \times 0.1914]$$

$$= [82 - 60 - 6.219, 82 - 60 + 6.219]$$

$$= [15.781, 28.219]$$

由於 $0 \notin [15.781, 28.219]$，因此可以推論在 $\alpha = 0.05$ 顯著水準之下，μ_1 與 μ_4 具有顯著之差異。亦即，第一班與第四班之間，統計學平均成績具有顯著之差異。

【例 5】

試於例 2 中，計算機器 B 與 D 平均生產量相差之 0.95 信賴區間，並檢驗此二機器之平均生產量是否具有差異？

解：

按信賴區間計算步驟

步驟 1：計算

$$\overline{X}_2 - \overline{X}_4 = 13 - 12 = 1$$

步驟 2：$Sp^2 = MSW = 3.2308$

$$Sp = 1.7974$$

步驟 3：$df = N - k = 13$

步驟 4：$t_{0.975}(13) = 1.771$

步驟 5：$\mu_2 - \mu_4$ 之 0.95 信賴區間

$$[\overline{X}_2 - \overline{X}_4 - t_{0.975}(13) \times Sp \times \sqrt{\frac{1}{4} + \frac{1}{5}},$$

$$\overline{X}_2 - \overline{X}_4 + t_{0.975}(13) \times Sp \times \sqrt{\frac{1}{4} + \frac{1}{5}}]$$

$$= [1 - 1.771 \times 1.7974 \times 0.6708,$$

$$1 + 1.771 \times 1.7974 \times 0.6708]$$

$$= [-1.1354, 3.1354]$$

步驟6： 由於 $0 \in [-1.1354, 3.1354]$，故可判定機器 B 與
機器 D 之平均生產量並無顯著差異。

習　題

1. 大同公司為了解價格是否會影響銷售量，在研究過程中，還發現商店的規模大小也會影響商品之銷售量。經過隨機抽樣調查，得出以下所蒐集的每月銷售量資料：

商店規模

	大型	中型	小型
每	2500	1200	1500
月	2800	1500	2700
銷	3000	2000	2550
售	4500	2000	1800
量	3800	1300	1700

試以 $\alpha = 0.01$ 之顯著水準，檢定三種商店規模之每月銷售量是否有差異？並試求出中型與小型商店之平均銷售量差異之信賴區間。

2. 管理學院中，企管系、財經系、會計系以及國貿系都需必修統計學，為了了解各系對於統計學的學習狀況，隨機抽樣各班若干人，其統計學成績如下：

企管系	財經系	會計系	國貿系
60	65	50	55
82	70	65	65
50	56	70	68
58	80	68	75
56	52	54	55
86		52	65
56		58	70
65			

試以 $\alpha=0.05$ 之顯著水準,檢定此 4 個學系之統計學平均分數是否具有差異?又哪兩個系之間的平均數並無顯著差異?

3. 已知 4 組資料如下:

第一組:$n_1=36$,$\overline{X}_1=20$,$S_1^2=36$

第二組:$n_2=50$,$\overline{X}_2=24$,$S_2^2=49$

第三組:$n_3=40$,$\overline{X}_3=25$,$S_3^2=50$

第四組:$n_4=50$,$\overline{X}_4=30$,$S_4^2=25$

試以 $\alpha=0.01$ 之顯著水準,檢定此 4 組之平均數是否相等?

又第二組與第三組之平均數差異之信賴區間如何?

4. 某教授對於 4 種教學方法,各抽樣 25 名同學,記錄其成績後整理成如下之 ANOVA 表:

ANOVA

Source	df	SS	MS	F
Between			50	
Within		720		

(1)試將以上 ANOVA 表完成。

(2)試檢驗此 4 種教學法之效果是否相同？

5. 某訓練中心對於新兵實施體能訓練，以四種不同之訓練方式，分別訓練三組新兵。結訓後，測驗其「引體向上」的成績，列表如下：

		引體向上個數
訓	甲種	10，5，9，5，8，6，2，4，3，9
練	乙種	11，15，12，18，21，22
方	丙種	12，20，21，15，18，14，19，
式	丁種	6，4，15，25，12，18，16，5

設 $\alpha = 0.02$，試檢驗此 4 種體能訓練方法是否效果相同？

6. 大學畢業生，從事不同的行業可能起薪也不相同，茲抽樣 60 位剛畢業、踏入社會就業者的起薪資料（設 $n_1 = n_2 = n_3 = 20$）：

	服務業（元）	製造業（元）	教師（元）
平均所得	25000	30000	25000
標準差	2000	5000	2500

(1)試寫出此問題之 ANOVA 表。

(2)試檢定此三種行業之起薪平均數是否相同？

(3)試求出服務業與教師行業薪資差額平均數之信賴區間。
（α＝0.05）

7. 某校研究所入學測驗，10位評審委員對於3位同學的評分
如下：

甲同學：92，85，80，81，82，83，60，50，40，92

乙同學：81，82，80，81，82，82，82，81，80，82

丙同學：99，85，82，86，88，85，82，86，88，20

(1)試檢定這三位同學評分之平均數是否相同？

(2)試估計甲、乙兩位同學之評分平均數差異之信賴區間。

(3)由記錄顯示，有些評分太過極端，若將每位同學之評分
最高與最低分數刪除，試著重新檢定此三位同學評分平
均數，是否具有差異？

8. Given the data of two independent samples, $\bar{x}_1 = 3.27$, $S_1^2 = 1.689$,
$n_1 = 21$, $\bar{x}_2 = 2.53$, $S_2^2 = 1.353$, $n_2 = 25$.

(a)In what kind situation, the F statistic of ANOVA can be used to
test the null hypotheses that $\mu_1 = \mu_2$.

(b)Using the data sets, compute the ANOVA table.

(c)Show that formula of F statistic use in (a) is equal to t^2, where

$$T = \frac{(\bar{X}_1 - \bar{X}_2) - (\mu_1 - \mu_2)}{\sqrt{Sp^2 \left(\frac{1}{n_1} + \frac{1}{n_2} \right)}}$$

Sp^2 is a pooled variance.

提示：$SSE = \sum_{i=1}^{2} (n_i - 1) S_i^2$，$SSTR = \sum_{i=1}^{2} n_i (\bar{X}_i - \bar{X})^2$

9. (a) Briefly describe how experiment should be arranged if this is to
be a completely randomized design.

(b) Fill in the blanks in the following ANOVA table.

Source of Variation	Degree of freedom	Sum of Squares	Mean Square	F
Treatment		86		
Error	9			
Total	11	307		

10. (a)In marketing children's products, it's extremely important to produce television commercial that hold the attention of the children who view them. A psychologist hired by a marketing research firm wants to determine whether differences in attention span exist among advertisements for different types of products. Fifteen children under 10 years of age are asked to watch one 60-second commercial for one of the three types of products, and their attention spans are measured in seconds. The results are shown in the accompanying table. Do these data provide enough evidence to conclude that there are differences in attention span among the three products advertised? (Use $\alpha = 0.05$)

TYPE OF PRODUCT ADVERTISED

Toy/Games	Food/Candy	Children's clothing
42	55	40
45	58	55
58	52	42
53	60	52
50	57	48

SSTr = 220.13, SSE = 361.60

(b) Upon reconsidering the experiment, the psychologist decides to redo the experiment in the following ways. Three 10-years-olds, three 8-years-olds, three 6-years-olds, and three 4-years-olds are randomly assigned to watch one of the commercials, and their attention spans are measured. Do the results that follow (given in seconds) indicate, at the 5% significance level, the there are differences in the ability of the products advertised to hold children's attention?

TYPE OF PRODUCT ADVERTISED

Age	Toy/Games	Food/Candy	Childrens clothing
10	52	60	35
8	48	58	36
6	49	54	32
4	43	52	33

Type of product sum of square = 992.00

Age sum of square = 68.67

Total sum of square = 1084.00

(c)Can you explain why the psychologist decides to redo the experiment? What are the advantages and the disadvantages of the two experiments?　　　　　　　　　【88 交大資管】

11. After the Earth Summit Conference (1992) in Rio de Janeiro, the president of Green Marketing Association conducted a survey in Brazil. A total of 1459 people were randomly selected for the telephone survey, inquiring their years of education and attitude toward Green Marketing concept. The results showed: 684 people thought Green Marketing concept was positive to the environment, 702 thought there was no difference, and 73 thought it was negative (populations if each group were normally distributed.) the descriptive statistics table of the results id provided below. With significance level if 0.05, please determine whether people in these three groups of different attitudes toward Green Marketing concept received same years of education.

(Show all necessary calculations.)

	Positive	No difference	Negative
平均數	13.0365	22.9929	9.5479
標準差	3.1789	2.9185	3.5002

【87 東華國企】

第七章

獨立性及
一致性檢定

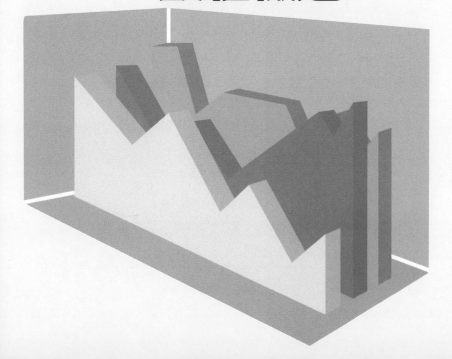

對於兩種屬性，想要檢驗此二者是否具有相關性，常常使用的統計方法是獨立性檢定或是一致性檢定。

例如，我們常會認為台灣北、中、南三地區的學生學習風氣，以及教育環境似乎有些不一樣。為了想證實此一事實，可以用獨立性檢定方法，檢定「考試成績」與「學生來源地區」此二種屬性之間，是否「獨立」或「相關」。

獨立性檢定

獨立性檢定常使用的統計量為卡方分配（Chi-Square Distribution），此一分配首先由卡・皮爾遜（Karl Pearson）所導出，可用下式表之：

$$\chi_0^2 = \sum_{i=1}^{a} \sum_{j=1}^{b} \frac{(O_{ij} - e_{ij})^2}{e_{ij}} \qquad (7.1)$$

式中，a、b 分別表示 A、B 兩種屬性的分類；O_{ij} 表示屬性 A 的第 i 類、屬性 B 的第 j 類的觀測值；而 e_{ij} 表示當此兩種屬性為獨立時，O_{ij} 的理論值。

卡方檢定，其主要目的在於比較「樣本結果」與「當虛無假設為真時之期望結果」，如果兩者相差「顯著的大」，則認為應該拒絕虛無假設；若是此二者之相差不很大，則無法拒絕虛無假設。

1.1 獨立性檢定之步驟

當所觀察之樣本中，每一元素皆有兩種特徵屬性時，則可檢驗此二特徵屬性之間是否具有相關。將此觀察情形，列出二因子列聯表（Two Factor Contingency Table）。

步驟 1：列出虛無假設

H$_0$：屬性 A 與屬性 B 為獨立

步驟 2：

H：屬性 A 與屬性 B 不獨立

步驟 3：計算卡方統計量

$$\chi_0^2 = \sum_{i=1}^{a} \sum_{j=1}^{b} \frac{(O_{ij} - e_{ij})^2}{e_{ij}}$$

式中之 O_{ij} 為列聯表中之第 i 列第 j 行觀察值；e_{ij} 表示當虛無假設為真時，第 i 列第 j 行位置之理論值。

步驟 4：決定顯著水準

令 $\alpha = 0.05$ 或 0.01

步驟 5：決定自由度

df =（列數－1）×（行數－1）

步驟 6：查附表三，求出 $\chi_{1-\alpha}^2 (df)$

步驟 7：決定棄卻域

棄卻域 = $\{ \chi_0^2 \mid \chi_0^2 > \chi_{1-\alpha}^2 (df) \}$

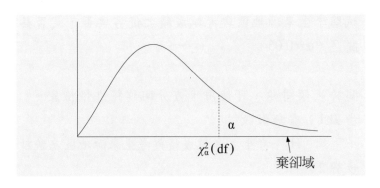

$$\chi_a^2(\mathrm{df})$$

α

棄卻域

步驟 8：結論

　　若是 χ_0^2 落入棄卻域，則推翻虛無假設，亦即，
此二特徵並不獨立；若是 χ_0^2 不屬於棄卻域，則
無法推翻虛無假設。

【例 1】

某次考試共有 300 人參加，考生來源分為北、中、南三
地區，考試成績可分成優、普通、劣三類。其人數以及
成績分佈如下表：

	北	中	南	合計
優	30	20	30	80
普通	80	50	20	150
劣	10	30	30	70
合計	120	100	80	300

試問學生來源地區與考試成績之優劣與否，是否具有相關？（α＝0.05）

解：

關於此類問題，可使用卡方分配作獨立性檢定。

步驟1：虛無假設

　　　H_0：考生之考試成績與考生來源地區為統計獨立

步驟2：

　　　H_1：考生成績與考生來源地區為統計相關

步驟3：計算

$$\chi^2_0 = \sum_{i=1}^{3} \sum_{j=1}^{3} \frac{(O_{ij} - e_{ij})^2}{e_{ij}}$$

若是 A、B 為獨立，則本例題之列聯表中，第 (i, j) 位置之發生機率，應為第 i 列與第 j 行之邊際機率相乘之積，其理論之發生個數應為：

$$e_{11} = 300 \times \frac{80}{300} \times \frac{120}{300} = 32$$

$$e_{12} = 300 \times \frac{80}{300} \times \frac{100}{300} = 26.67$$

$$e_{13} = 300 \times \frac{80}{300} \times \frac{80}{300} = 21.33$$

$$e_{21} = 300 \times \frac{150}{300} \times \frac{120}{300} = 60$$

$$e_{22} = 300 \times \frac{150}{300} \times \frac{100}{300} = 50$$

$$e_{23} = 300 \times \frac{150}{300} \times \frac{80}{300} = 40$$

$$e_{31} = 300 \times \frac{70}{300} \times \frac{120}{300} = 28$$

$$e_{32} = 300 \times \frac{70}{300} \times \frac{100}{300} = 23.33$$

$$e_{33} = 300 \times \frac{70}{300} \times \frac{80}{300} = 18.67$$

$$\chi_0^2 = \frac{(30-32)^2}{32} + \frac{(20-26.67)^2}{26.67} + \frac{(30-21.33)^2}{21.33}$$
$$+ \frac{(80-60)^2}{60} + \frac{(50-50)^2}{50} + \frac{(20-40)^2}{40} + \frac{(10-28)^2}{28}$$
$$+ \frac{(30-23.33)^2}{23.33} + \frac{(30-18.67)^2}{18.67}$$

$$= 0.125 + 1.668 + 3.524 + 6.67 + 0 + 10 + 11.57$$
$$+ 1.907 + 6.876$$

$$= 42.34$$

步驟 4： 令 $\alpha = 0.05$

步驟 5： $df = (3-1) \times (3-1) = 4$

步驟 6： 查附表三

$$\chi_{0.95}^2 [(3-1) \times (3-1)] = 9.4877$$

步驟 7： 棄卻域 $= \{ \chi_0^2 | \chi_0^2 > 9.4877 \}$

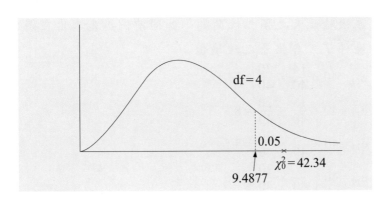

步驟 8： 結論

由於 $42.34 > 9.4877$，因此可以推論，在 $\alpha = 0.05$

之顯著水準之下，拒絕虛無假設，亦即此二屬
性 A 與 B 並非獨立。

※注意：在應用卡方檢定時，聯列表內各格子內的期望個數
e_{ij} 不能小於 5，若有小於 5 之情形，應與鄰近之格合併，
然後再計算卡方值。茲舉一例說明：

【例 2】

假設甲、乙二人比賽射箭，各射 20 支，得分如下表：

	10 分	8 分	6 分	3 分	合計
甲	8	7	3	2	20
乙	6	9	4	1	20
合計	14	16	7	3	40

為檢驗此表之獨立性問題，如同前例，先求出在獨立性
條件下，各格子之理論值：

$$e_{11} = 40 \times \frac{14}{40} \times \frac{20}{40} = 7$$

$$e_{12} = 40 \times \frac{16}{40} \times \frac{20}{40} = 8$$

$$e_{13} = 40 \times \frac{7}{40} \times \frac{20}{40} = 3.5$$

$$e_{14} = 40 \times \frac{3}{40} \times \frac{20}{40} = 1.5$$

$$e_{21} = 40 \times \frac{14}{40} \times \frac{20}{40} = 7$$

$$e_{22} = 40 \times \frac{16}{40} \times \frac{20}{40} = 8$$

$$e_{23} = 40 \times \frac{7}{40} \times \frac{20}{40} = 3.5$$

$$e_{24} = 40 \times \frac{3}{40} \times \frac{20}{40} = 1.5$$

從以上各理論值可以看出，e_{13} 及 e_{14} 及 e_{23}、e_{24} 之值小於 5，應該予以合併。茲將合併後之表，整理於後：

	10分	8分	6分以下	合計
甲	8	7	5	20
乙	6	9	5	20
合計	14	16	10	40

再重新計算各格內的理論值：

$$e_{11} = 40 \times \frac{14}{40} \times \frac{20}{40} = 7$$

$$e_{12} = 40 \times \frac{16}{40} \times \frac{20}{40} = 8$$

$$e_{13} = 40 \times \frac{10}{40} \times \frac{20}{40} = 5$$

$$e_{21} = 40 \times \frac{14}{40} \times \frac{20}{40} = 7$$

$$e_{22} = 40 \times \frac{16}{40} \times \frac{20}{40} = 8$$

$$e_{23} = 40 \times \frac{10}{40} \times \frac{20}{40} = 5$$

將以上數據代入卡方統計量公式：

$$\chi_0^2 = \frac{(8-7)^2}{7} + \frac{(7-8)^2}{8} + \frac{(5-5)^2}{5} + \frac{(6-7)^2}{7} + \frac{(9-8)^2}{8} + \frac{(5-5)^2}{5}$$

$$= 0.5356 \not> \chi_{0.95}^2 \left[(3-1) \times (2-1) \right] = 5.9915$$

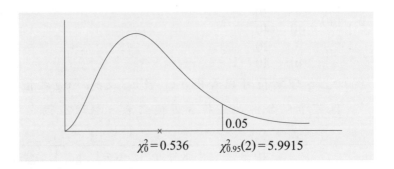

因此，在 $\alpha = 0.05$ 顯著水準之下，沒有充分的證據拒絕虛無假設，亦即可認為此二人之射箭成績並無不同。

一致性卡方檢定

一致性檢定與獨立性檢定方法相同，除了所欲檢定的內容在精神上有些許差異外，其他檢驗步驟完全一樣。

【例3】

根據過去市調之經驗，認為市場上的A、B、C三種產品之市場占有率分別為20%，50%，30%。今調查100位顧客，得知購買此三種產品之顧客人數各為25人，60人，15人。

試問：由這些抽樣調查之結果，是否顯示這三家公司之市場占有率已有所改變？（$\alpha = 0.05$）

解：

步驟1：$H_0 : P_1 = 0.2$

$P_2 = 0.5$

$P_3 = 0.3$

步驟2：H_1：此三家之市場占有率已不是 0.2，0.5，0.3

步驟3：各抽樣觀察值為

$O_1 = 25$ ，$O_2 = 60$ ，$O_3 = 15$

各理論值為總調查人數乘以各假設機率，即為期望值，則

$e_1 = 100 \times 0.2 = 20$

$e_2 = 100 \times 0.5 = 50$

$e_3 = 100 \times 0.3 = 30$

$$\chi_0^2 = \sum_{i=1}^{3} \frac{(O_i - e_i)^2}{e_i}$$

$$= \frac{(25-20)^2}{20} + \frac{(60-50)^2}{50} + \frac{(15-30)^2}{30}$$

$$= 1.25 + 2 + 7.5$$

$$= 10.75$$

步驟4：令 $\alpha = 0.05$

步驟5：$df = 3 - 1 = 2$

步驟6：查附表三

$\chi_{0.95}^2 (2) = 5.99147$

步驟7：棄卻域 $= \{ \chi_0^2 | \chi_0^2 > 5.9915 \}$

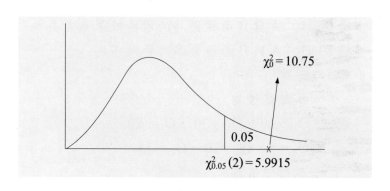

步驟 8：結論

在 α＝0.05 之顯著水準下，推翻虛無假設，亦即
此三種產品之市場占有率，已有顯著之改變。

【例 4】

某醫學中心想要比較 A、B 兩種藥品的治療效果，調查
了 100 位病患。其中 60 位使用 A 牌藥品；40 位使用 B 牌
藥品。經過三個月之觀察，檢驗藥效反應結果如下：

服用 A、B 牌藥品以及藥效結果

	不變	微有進步	明顯進步	合計
服用 A	10	30	20	60
服用 B	5	20	15	40
合計	15	50	35	100

試以 α＝0.05 顯著水準，檢定 A、B 兩種藥品之療效有無
差異？

解：

視此題為獨立性檢定或是一致性檢定皆可。

步驟 1：H_0：A 與 B 兩種藥品的治療效果無差異

步驟 2：H_1：A 與 B 兩種藥品之藥效不同

步驟 3：計算

各觀察值為

$O_{11}=10$，$O_{12}=30$，$O_{13}=20$

$O_{21}=5$，$O_{22}=20$，$O_{23}=15$

各期望值為

$$e_{11} = 100 \times \frac{60}{100} \times \frac{15}{100} = 9$$

$$e_{12} = 100 \times \frac{60}{100} \times \frac{50}{100} = 30$$

$$e_{13} = 100 \times \frac{60}{100} \times \frac{35}{100} = 21$$

$$e_{21} = 100 \times \frac{40}{100} \times \frac{15}{100} = 6$$

$$e_{22} = 100 \times \frac{40}{100} \times \frac{50}{100} = 20$$

$$e_{23} = 100 \times \frac{40}{100} \times \frac{35}{100} = 14$$

$$\chi_0^2 = \frac{(10-9)^2}{9} + \frac{(30-30)^2}{30} + \frac{(20-21)^2}{21} + \frac{(5-6)^2}{6}$$

$$+ \frac{(20-20)^2}{20} + \frac{(15-14)^2}{14}$$

$$= 0.1111 + 0 + 0.0476 + 0.1667 + 0 + 0.0714$$

$$= 0.3968$$

步驟 4：$\alpha = 0.05$

步驟 5：$df = (2-1) \times (3-1) = 2$

步驟 6：查附表三

$$\chi_{0.95}^2(2) = 5.9915$$

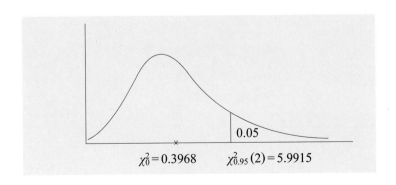

$\chi_0^2 = 0.3968 \qquad \chi_{0.95}^2(2) = 5.9915$

步驟 7：棄卻域 $= \{ \chi_0^2 | \chi_0^2 > 5.9915 \}$

步驟 8：結論

由於 $\chi_0^2 = 0.3968 \ngtr 5.9915$，因此在 $\alpha = 0.05$ 之顯著水準之下，沒有充分之證據推翻虛無假設，亦即此二種藥品之藥效不能說有差異。

習 題

1. 四家廠商之產品品質情形如下：

產品品質

		優良	普通	差
廠商	A	100	50	20
	B	80	70	10
	C	150	30	20
	D	70	20	10

試以 α＝0.05 之顯著水準，檢定產品品質與廠商之間的獨立性。

2. 某地為了預防SARS，想要了解事先注射預防針是否有效，衛生機關抽樣調查300人，得出以下結果：

	被感染	未感染
曾注射	20	180
未曾注射	50	50

試以 α＝0.01 之顯著水準，檢驗此種預防針是否有效。

3. 投擲一骰子100次，各點出現之次數如下：

點數	1	2	3	4	5	6
次數	10	15	20	15	20	20

試以 α＝0.01 之顯著水準，檢驗此骰子是否為一公正骰子。

4. 某次民意調查，對於 A、B 兩地區是否支持公投法，大家意見不同，茲自 A 地隨機調查 200 人，自 B 地隨機調查 300 人，調查意見如下：

	贊成	反對	合計
A 地	150	50	200
B 地	50	250	300

試以 α＝0.05 之顯著水準，檢定「地區」與「公投意見」是否為獨立？

5. 今有 200 位教授、300 位專家、20 位家長以及 250 位同學，討論「學生頭髮長度」應不應該受到限制？其中贊成、無意見和反對之統計資料如下：

	贊成	無意見	反對	合計
教授	120	50	30	200
專家	150	120	30	300
家長	15	4	1	20
同學	50	20	180	250
合計	335	194	241	770

試以 α＝0.05 之顯著水準，檢定調查對象之意見比例是否相同？

6. 為了解台北市、台中市及高雄市此三地區訂閱蘋果日報之比例是否相同，抽查台北市的 500 戶，其中有 300 戶訂閱

該報；抽查台中市 400 戶，其中有 200 戶訂閱該報；抽查高雄市 600 戶，其中 200 戶訂閱該報。設 $\alpha = 0.02$，試檢定這三個城市訂閱蘋果日報的比例是否相同？

7. 為了解高學位者與低學位者對於中國時報、聯合報、自由時報以及蘋果日報之訂閱情形，茲蒐集 750 位民眾之訂報人數如下：

	中國時報	聯合報	自由時報	蘋果日報
高學位	80	100	70	30
低學位	50	70	100	250

設 $\alpha = 0.01$，試檢定高、低學位者，在這四種報紙之偏好比例是否相同？

8. 以下是男、女生各 100 名的統計學成績，試以 $\alpha = 0.05$ 之顯著水準檢驗男、女生之統計學成績是否有差異？

分數	40分以下	41-50	51-60	61-70	71-80	81-90	91-100
男生	3	5	25	35	15	8	9
女生	1	2	10	65	10	5	7

9. 為了解家長學歷程度與家庭每月用在教育的費用此兩者是否相關，隨機抽樣 700 戶，得出資料如下：

每月教育費用

	5000 元以下	5000-10000	10000-20000	20000 以上
碩士以上	30	50	40	200
大學	20	100	20	20
中學以下	120	50	30	20

試檢定每月使用教育費用，與家長學歷程度是否有關？
（α＝0.05）

10. 為研究宗教信仰與是否罹患「失智症」之關係，隨機抽樣
140 位民眾，調查結果如下：

宗教信仰	佛教	基督教	天主教	無信仰
有失智症	5	7	2	35
無失智症	20	15	18	38

試以 α＝0.05 之顯著水準，檢驗「宗教信仰」與「有無失
智症」之關係是否相關？

第八章

相關與迴歸

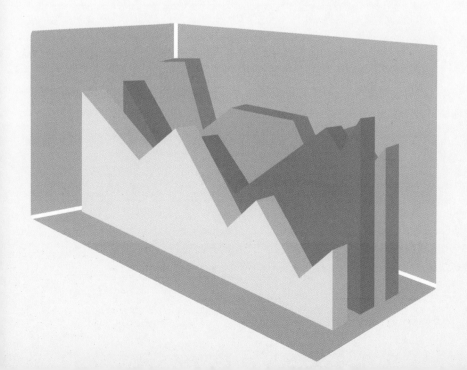

在研究過程中，討論到兩個變數資料時，常常要考慮到這兩個變數之間，是否具有某種程度之關係，其關係程度多大（相關係數，Coefficient of Correlation）；另一個問題是，變數與變數之間具有何種關係（迴歸分析，Regression）。

相關係數

對於 X，Y 兩個變數，蒐集 n 對相對應的資料（x_1, y_1），（x_2, y_2），…，（x_n, y_n），則此 n 對數據之相關係數 r 為：

$$r = \frac{Sxy}{\sqrt{(Sxx \cdot Syy)}} \qquad (8.1)$$

式中

$$Sxy = \sum_{i=1}^{n} (x_i - \overline{X})(y_i - \overline{Y})$$
$$Sxx = \sum_{i=1}^{n} (x_i - \overline{X})^2$$
$$Syy = \sum_{i=1}^{n} (y_i - \overline{Y})^2$$

以上數學符號：變數 X，Y 之共變異（Covariation）稱之為 Sxy；而變數 X 之變異（Variation）稱為 Sxx；變數 Y 之變異稱為 Syy。

相關係數之特性

2.1　$-1 \leqq r \leqq 1$

2.2　若是 $r \geqq 0$ 則 X 與 Y 為正相關，亦即，當 X 值增加時，Y 值也是增加而上升。

2.3　若是 $r \leqq 0$ 則 X 與 Y 為負相關，亦即，當 X 值增加時，Y 值卻是減少而下降。

2.4　若是 $r = 1$，則稱 X 與 Y 為完全正相關；$r = -1$時，則稱 X 與 Y 為完全負相關。

各種相關係數之散佈圖，如圖 8-1 至圖 8-10 所示：

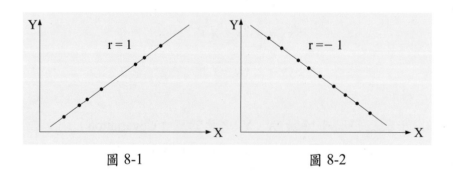

圖 8-1　　　　　　　　　　圖 8-2

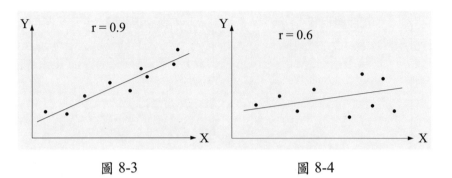

圖 8-3   圖 8-4

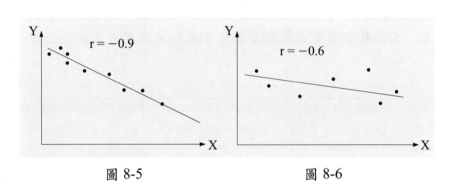

圖 8-5   圖 8-6

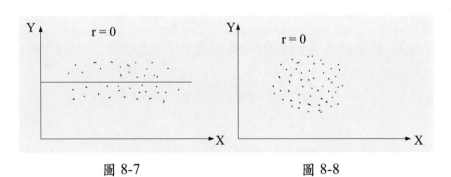

圖 8-7   圖 8-8

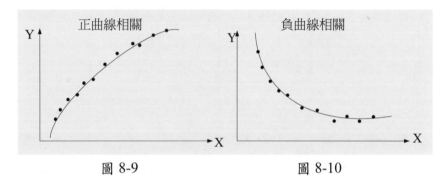

圖 8-9 圖 8-10

【例 1】

某校每年學生人數與學校每年平均用電量之資料，整理如下：

學生人數 X	200	400	600	1200	2500	3000
平均用電量 Y（千瓦）	0.5	1.0	1.5	2.5	4.5	6.5

(1)試計算 X 與 Y 之相關係數 r。

(2)試繪製 X 與 Y 之散佈圖。

解：

(1)首先計算 $\overline{X} = (200 + 400 + 600 + 1200 + 2500 + 3000) \div 6$

$\qquad = 1316.67$

$\qquad \overline{Y} = (0.5 + 1.0 + 1.5 + 2.5 + 4.5 + 6.5) \div 6$

$\qquad = 2.75$

$\qquad Sxx = \sum_{i=1}^{6} x_i^2 - 6\overline{X}^2$

$\qquad = 17250000 - 10401666.67$

$\qquad = 6848333$

$$Sxy = \sum_{i=1}^{6} x_i y_i - 6\overline{X}\,\overline{Y}$$

$$= 35150 - 21725.05$$

$$= 13425$$

$$Syy = \sum_{i=1}^{6} y_i^2 - 6\overline{Y}^2$$

$$= 72.25 - 45.375$$

$$= 26.875$$

$$r = \frac{Sxy}{\sqrt{Sxx\,Syy}}$$

$$= \frac{13425}{\sqrt{6848333 \times 26.875}}$$

$$= 0.989572$$

(2)變數 X 與 Y 之散佈圖如下：

以 X 為橫座標、Y 為縱座標，由散佈圖可看出，各資料點之分佈為「左下、右上」之趨勢，這是「正」相關之圖形。

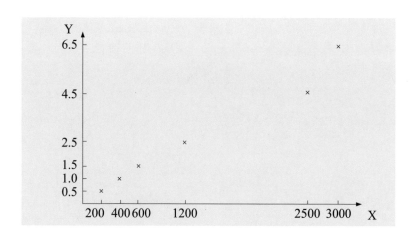

【例2】

要了解身高與體重之間的關係,隨機抽樣 10 人,記錄其身高與體重如下表:

編號	身高	體重
1	170	60
2	175	65
3	170	70
4	180	75
5	165	50
6	160	45
7	172	67
8	182	75
9	185	80
10	174	74

(1)試繪製此 10 人之身高與體重之散佈圖。

(2)試計算身高與體重之相關係數。

解:

(1)以身高作為橫座標變數,體重作為縱座標變數,繪製散佈圖如下:

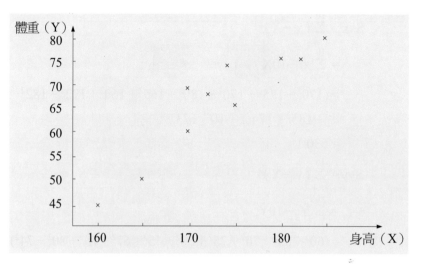

(2)首先計算 $\overline{X}$、$\overline{Y}$、Sxy、Sxx、Syy

$\overline{X}$ = (170 + 175 + 170 + 180 + 165 + 160 + 172 + 182 + 185 + 174)

$\quad\quad$ ÷ 10

$\quad$ = 173.3

$\overline{Y}$ = (60 + 65 + 70 + 75 + 50 + 45 + 67 + 75 + 80 + 74) ÷ 10

$\quad$ = 66.1

$Sxy = \sum\limits_{i=1}^{10} (x_i - \overline{X})(y_i - \overline{Y})$

$\quad\quad = \sum\limits_{i=1}^{10} x_i y_i - 10\overline{X}\,\overline{Y}$

$\quad\quad$ = 170 × 60 + 175 × 65 + 170 × 70 + 180 × 75 + 165 × 50

$\quad\quad\quad$ + 160 × 45 + 172 × 67 + 182 × 75 + 185 × 80

$\quad\quad\quad$ + 174 × 74 − 10 × 173.3 × 66.1

$\quad\quad$ = 723.7

$$Sxx = \sum_{i=1}^{10} (x_i - \overline{X})^2$$

$$= \sum_{i=1}^{10} x_i^2 - 10\overline{X}^2$$

$$= (170^2 + 175^2 + 170^2 + 180^2 + 165^2 + 160^2 + 172^2 + 182^2$$
$$+ 185^2 + 174^2) - 10 \times 173.3^2$$

$$= 530.1$$

$$Syy = \sum_{i=1}^{10} (y_i - \overline{Y})^2$$

$$= \sum_{i=1}^{10} Y_i^2 - 10\overline{Y}^2$$

$$= (60^2 + 65^2 + 70^2 + 75^2 + 50^2 + 45^2 + 67^2 + 75^2 + 80^2 + 74^2)$$
$$- 10 \times 66.1^2$$

$$= 1172.9$$

則，X 與 Y 之相關係數為

$$r = \frac{Sxy}{\sqrt{Sxx\,Syy}}$$

$$= \frac{723.7}{\sqrt{530.1 \times 1172.9}}$$

$$= 0.9179$$

簡單線性迴歸

迴歸分析的主要用途是「預測」，由一組預測變數（或稱為獨立變數），對另一個應變數做預測。如果獨立變數只有一個，則這種迴歸稱之為「簡單線性迴歸」（Simple Linear Regression），也就是說只用一個獨立變數 X 去預測應變數 Y

的模式，稱之為簡單線性迴歸；若是以多個自變數X_1，X_2，…，X_n，對於應變數Y的預測模式，則稱之為「複線性迴歸」（Multiple Linear Regression）。本文僅介紹簡單線性迴歸。

欲建立一個簡單線性迴歸模式，亦即要找出以下 x 與 y 之關係式：

$$\hat{y} = \hat{\beta}_0 + \hat{\beta}_1 x \qquad (8.2)$$

3.1 簡單線性迴歸建立之步驟

步驟 1：計算 $\overline{X}$、$\overline{Y}$

$$\overline{X} = (x_1 + x_2 + x_3 + \cdots + x_n) \div n$$
$$\overline{Y} = (y_1 + y_2 + y_3 + \cdots + y_n) \div n$$

步驟 2：計算 Sxy

$$Sxy = \sum_{i=1}^{n} (x_i - \overline{X})(y_i - \overline{Y})$$
$$= \sum_{i=1}^{n} x_i y_i - n\overline{X}\,\overline{Y}$$

步驟 3：計算 Sxx

$$Sxx = \sum_{i=1}^{n} (x_i - \overline{X})^2$$
$$= \sum_{i=1}^{n} x_i^2 - n\overline{X}^2$$

步驟 4：對於 β_0 及 β_1 兩參數做「參數估計」

$$\hat{\beta}_1 = \frac{Sxy}{Sxx} \qquad (8.3)$$

$$\hat{\beta}_0 = \overline{Y} - \beta_1 \overline{X} \qquad\qquad (8.4)$$

步驟 5：簡單線性迴歸模式為

$$\hat{y} = \hat{\beta}_0 + \hat{\beta}_1 x$$

【例 3】

由例 1 之數據，試求出線性迴歸模式。

解：

由例 1 得知

步驟 1：$\overline{X} = 1316.67$

$\overline{Y} = 2.75$

步驟 2：$Sxy = 13424.95$

步驟 3：$Sxx = 6848282$

步驟 4：$\hat{\beta}_1 = \dfrac{Sxy}{Sxx} = \dfrac{13324.95}{6848282}$

$= 0.0019457$

$\hat{\beta}_0 = \overline{Y} - \beta_1 \overline{X}$

$= 2.75 - 0.0019457 \times 1316.67$

$= 0.18816$

步驟 5：$\hat{y} = 0.18816 + 0.0019457x$

根據所求出的迴歸模式，可以據以估計出不同的學生人數，學校用電量之估計數。

【例 4】

如例 2，當學校有 2000 個學生時，學校的平均用電量如

何？

解：

令 $x = 2000$ 代入 $\hat{y} = 0.18816 + 0.0019457x$ 式，則

$\hat{y} = 0.18816 + 0.0019457 \times 2000$

　$= 4.06033$（千瓦）

亦即，當學生人數為 2000 人時，學校的平均用電量為 4.06033 千瓦。

3.2 變異數分析

當求出了迴歸模式之後，我們還想要知道，模式中的獨立變數 X 對於應變數 Y 究竟能有多少的解釋能力或是貢獻度？

檢驗是否具有解釋能力的方法，使用變異數分析（ANO-VA）。

3.3 簡單線性迴歸變異數分析之步驟

步驟 1：計算總平方和

總平方和（Sum Square Corrected Total, SSTO），

$$SSTO = \sum_{i=1}^{n} (y_i - \overline{Y})^2 = Syy \qquad (8.5)$$

步驟 2：計算誤差平方和

誤差平方和（Sum Square of Error, SSE），

$$SSE = \sum_{i=1}^{n} (y_i - \hat{y}_i)^2$$

$$= \sum_{i=1}^{n} (y_i - \hat{\beta}_0 - \hat{\beta}_1 x_i)$$

$$= \sum_{i=1}^{n} e_i^2 \qquad (8.6)$$

步驟 3：計算迴歸平方和

迴歸平方和 (Sum of Square due to Regression, SSR)，

$$SSR = SSTO - SSE \qquad (8.7)$$

步驟 4：利用 F 統計量，檢定 $\beta = 0$ 之虛無假設

$$F = \frac{SSR/1}{SSE/(n-2)}$$

$$= \frac{MSR}{MSE} \qquad (8.8)$$

上式中，1 與 n−2 分別為 SSR 及 SSE 的自由度，而 MSR 與 MSE 則稱之為「均方和」（Mean of Square）。

步驟 5：決定顯著水準 α

步驟 6：將以上資料彙整成以下 ANOVA 表格

ANOVA 表

變異來源	平方和	自由度	均方和	F
迴歸差	SSR	1	MSR	MSR
誤差	SSE	n−2	MSE	MSE
總差	SSTO	n−1		

步驟 7：結論

上表中，若是 $F=\dfrac{MSR}{MSE}>F_{\alpha}(1,n-2)$，則可以認為自變數 X 對於應變數 Y，在顯著水準 α 之下，具有直線關係或是在直線條件下，具有足夠的解釋能力。

3.4 判定係數（Coefficient of Determination）

至於 X 對於 Y 解釋變異比例之大小，是以 SSR/SSTO 來量測，通常以判定係數 R^2 表示之：

$$R^2 = \frac{SSR}{SSTO}$$
$$= \frac{SSTO-SSE}{SSTO} \tag{8.9}$$

式中之 SSTO 就是前章所敘述的 Syy，亦即應變數 Y 的「變異」，而分子之 SSR＝SSTO－SSE 也是一種變異，但是此一變異已經降低了，其降低的原因就是由於自變數 X 加入了此迴歸模式所致，若是分子的變異降低得不多，就表示自變數的變異所占應變數變異之比例很高，此自變數足以代表應變數。若是，判別係數不高，表示說，應變數的變異不能由現有的自變數的變異來代表，模式中還需要另外增加自變數。若超過兩自變數的迴歸模式，就屬於「複線性迴歸」（Multiple Linear Regression）。

判定係數 R^2 具有以下性質：

(1) $0 \leqq R^2 \leqq 1$

(2) R^2 之值愈大則表示自變數X對於應變數Y之說明力、代表性愈大，或是說變數 X 對於此迴歸模式所提供的訊息愈有用。

(3)在簡單迴歸之情形下，自變數X與應變數Y相關係數r 之平方，恰為判定係數 R^2，即 $r^2 = R^2$。（複迴歸則沒有此種情形）

【例 5】

　　如例 1，試檢驗自變數 X 對於應變數 Y 之解釋能力。

解：

　　將此迴歸問題建立其 ANOVA 表：

步驟 1：SSTO＝Syy＝26.875

步驟 2：計算 SSE，由已經求出的迴歸模式 $\hat{y}$＝0.1882 ＋0.00195，計算 $\hat{y}$，然後根據求出各樣本點的誤差值 e

y_i	x_i	$\hat{y}_i$	$e_i = y_i - \hat{y}_i$	e_i^2
0.5	200	0.56099	−0.06099	0.0037
1.0	400	0.95305	0.04695	0.0022
1.5	600	1.17618	0.32382	0.1048
2.5	1200	2.35236	0.14764	0.0218
4.5	2500	4.90075	−0.40075	0.1606
6.5	3000	5.8809	0.6191	0.3833

$$SSE = 0.0037 + 0.0022 + 0.1048 + 0.0218 + 0.1606$$
$$+ 0.3833$$
$$= 0.6764$$

步驟 3：計算 SSR

$$SSR = SSTO - SSE$$
$$= 26.875 - 0.6764$$
$$= 26.198$$

步驟 4：計算 F

$$F_0 = \frac{SSR/1}{SSE/n-2}$$
$$= \frac{26.198/1}{0.6765/5}$$
$$= 193.63$$

步驟 5：決定顯著水準

$$\alpha = 0.05$$

步驟 6：設立 ANOVA 表

ANOVA

變異來源	平方和	自由度	均方和	F
迴歸差	SSR = 26.198	1	$\frac{26.198}{0.1353} = 193.63 > 6.6079$	
誤差	SSE = 0.6764	5		
總差	SSTO = 26.875	6		

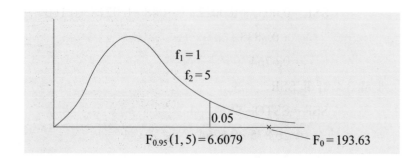

步驟 7：結論

$F_0 = 193.63 > F_{0.95}(1, 5) = 6.6079$，因此可以判定在 $\alpha = 0.05$ 之顯著水準之下，自變數 X 對於應變數 Y 具有顯著的線性關係，自變數 X 對於應變數 Y 之解釋能力夠強。

【例 6】

　　試求例 1 中，自變數 X 對於應變數 Y 解釋其變異之能力。

解：

　　本例題計算判定係數

$$R^2 = \frac{SSR}{SSTO} = \frac{26.198}{26.875} = 0.9748$$

在此例題中，自變數 X 能解釋應變數 Y 之變異能力達到 0.9784。

【例 7】

　　假設目前有 10 組勞力投入與產出水準之資料：

觀察值	1	2	3	4	5	6	7	8	9	10
工作時數（X）	10	7	10	5	8	8	6	7	9	10
產出水準（Y）	11	10	12	6	10	7	9	10	11	10

試根據上述資料，以迴歸分析法探討勞力投入與產出水準之間的關係並簡述其結果。　　　　【86 台大農經】

解：

(1) 先求 $\overline{X} = (10+7+10+5+8+8+6+7+9+10) \div 10 = 8$

$\overline{Y} = (11+10+12+6+10+7+9+10+11+10) \div 10 = 9.6$

(2) $\sum\limits_{i=1}^{10} x_i^2 = 10^2 + 7^2 + \cdots + 9^2 + 10^2 = 668$

$\sum\limits_{i=1}^{10} x_i y_i = 10 \times 11 + 7 \times 10 + \cdots + 9 \times 11 + 10 \times 10 = 789$

(3) $\hat{\beta}_1 = \dfrac{Sxy}{Sxx}$

$= \dfrac{\sum\limits_{i=1}^{10} x_i y_i - 10\overline{X}\,\overline{Y}}{\sum\limits_{i=1}^{10} x_i^2 - 10\overline{X}^2}$

$= \dfrac{789 - 10 \times 8 \times 9.6}{668 - 10 \times 8^2}$

$= 0.75$

$\hat{\beta}_0 = \overline{Y} - \hat{\beta}_1 \overline{X}$

$= 9.6 - 0.75 \times 8$

$= 3.6$

(4) 產出水準與勞力投入之線性迴歸方程式為

$\hat{y} = 3.6 + 0.75\, x$

此模式之意義為，勞力每增加一小時，其平均產量增加 0.75 單位。

習 題

1. 設有以下資料：

x	20	25	30	35	59	67	80
y	100	125	180	190	250	280	300

(1) 試計算 Sxx，Syy，Sxy。

(2) 試計算 x，y 之相關係數。

(3) 試求迴歸方程式。

(4) 試繪製 x，y 之散佈圖。

2. 同習題 1 之資料，若將變數 x 皆減去 35；將變數 y 皆減去 190，試求習題 1 之 4 個子題，並觀察其間有何變化？

3. 汽車引擎汽缸容量與汽車每公升所跑的里程具有相當的關係，茲抽樣 10 輛不同廠牌之汽車，得到以下資料：

編號	引擎汽缸容量（公升）	每公升所跑里數（公里）
1	2000	21
2	1950	20
3	1600	25
4	2100	17
5	1400	28
6	1850	22
7	1500	25
8	1400	30
9	2200	15
10	2500	12

試求「汽缸容量」與「每公升所跑里數」之相關係數及迴歸方程式。

4. 每月之收入與房屋的坪數之間具有相當的關係，茲抽樣 10戶，記錄其每戶主人之月收入以及該戶房屋之坪數如下：

編號	房屋坪數（坪）	每月收入（元）
1	30	32000
2	25	30000
3	40	50000
4	54	75000
5	50	65000
6	45	36000
7	20	32000
8	36	35000
9	60	75000
10	90	90000

試求「房屋坪數」與「每月收入」之相關係數以及迴歸方程式。

5. 學生每週讀書的時間與其考試成績，抽樣 12位同學記錄資料如下：

學生	每週讀書時數（X）	期中考統計學成績（Y）
1	3	40
2	5	75
3	5	70
4	5.5	80
5	4	75
6	6	85
7	2	50
8	1	15
9	10	95
10	8	90
11	5	60
12	4	60

(1)試繪製 X 與 Y 之散佈圖。

(2)試求 X 與 Y 之相關係數。

(3)試求迴歸方程式。

(4)試求判定係數 R^2，並說明其意義。

(5)試作 ANOVA，並說明分析結果。

(6)若某生每週讀書 4.5 小時，預估他的統計學期中考成績
  會是多少分？

6. 有 30 筆資料（x, y），已知 $\overline{X}=15$，$\overline{Y}=60$，SSTO$=1250$，
  Sxx$=250$，X 與 Y 之相關係數為 0.8，試求：

(1)迴歸方程式。

(2) R^2。

(3) SSR、SSE。

7. 設 X 與 Y 之 ANOVA 表，如下：

變異來源	SS	df
迴歸	56.2	1
誤差	25.8	25

試求：

(1)完成此 ANOVA 表。

(2)試求判定係數 R^2。

(3)試求 X 與 Y 之相關係數。

8. A study is done to see whether there is a relationship between a student's grade point average (GPA) and the number of hours the student studies per week. The data are shown here. Please predict the CPA of a student who studies 10 hours a week.

Hours	3	12	9	15	5	7	16
GPA	2.1	3.5	3.0	4.0	1.7	3.2	3.7

參考書目

1. 《統計學》，張紘炬著，華泰書局。

2. 《統計學導論》，詹世煌、方世榮編著，曉園出版社。

3. 《統計學》，編輯委員會編著，專上圖書有限公司。

4. 《統計學》，張金裕著，長樂書店。

5. 《統計學》，韓振學著，台灣開明書店。

6. 《統計學》，方純著，興業圖書股份有限公司。

7. 《統計學》，方純著，中華電視公司教學部主編。

8. 《統計學》，成灝然著，中華電視公司教學部主編。

9. 《統計學》，韋從序編著，正中書局。

10. 《統計學》（上下冊），林昇平、洪春雄、廖繼敏編著，東華書局。

11. 《心理與教育統計學》，林清山著，東華書局。

12. 《教育統計學》，朱經明著，五南圖書出版社。

13. 《最新實用心理與教育統計學》，謝廣全著，復文書局。

14. 《統計學》，胡坤德著，華泰書局。

15. 《統計理論與方法》，林元興著，華泰書局。

16. 《行為統計學》，楊國樞等譯著，環球書社。

17. 《社會統計學》，王維林著，長樂書局。

18. 《醫學統計學》，洪正中編譯，眾光文化書業有限公司。

19. 《商用統計學》，顏月珠著，三民書局。

20. 《實用統計方法——圖解與實例—》，顏月珠著。

21. 《初等統計學》，王敏男、黃登源、蔡德慶著，宏業產銷管理叢書。

22. 《最新統計學全書》，童甲春著，環球經濟社商務印書館。

23. 《統計學》，陳文賢著，華泰書局。

24. 《統計實務》，宋欽增、李慶泉編著。

25. 《推理統計學》，韓振學著，台灣開明書局。

26. 《推理統計學》，張碧波著，三民書局。

27. 《實用無母數統計方法》，顏月珠著。

28. 《應用迴歸分析》，黃登源、王敏男著，宏業產銷管理叢書。

29. 《迴歸分析》，林真真、鄒幼涵編著，華泰書局。

30. 《統計學》，黃文隆編著，滄海書局。

31. 《統計學原理》，陳超塵編著，大中國圖書公司。

32. 《統計學》，江建良編著，普林斯頓國際有限公司。

33. 《統計學》，郭信霖、許淑卿編著，華立圖書公司。

34. 《統計學》，陳順宇、鄭碧娥著，華泰書局。

附表一　標準常態分配

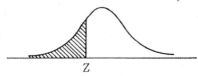

Z

z	0	1	2	3	4	5	6	7	8	9
−3.	.0013	.0010	.0007	.0005	.0003	.0002	.0002	.0001	.0001	.0000
−2.9	.0019	.0018	.0017	.0017	.0016	.0016	.0015	.0015	.0014	.0014
−2.8	.0026	.0025	.0024	.0023	.0023	.0022	.0021	.0021	.0020	.0019
−2.7	.0035	.0034	.0033	.0032	.0031	.0030	.0029	.0028	.0027	.0026
−2.6	.0047	.0045	.0044	.0043	.0041	.0040	.0039	.0038	.0037	.0036
−2.5	.0062	.0060	.0059	.0057	.0055	.0054	.0052	.0051	.0049	.0048
−2.4	.0082	.0080	.0078	.0075	.0073	.0071	.0069	.0068	.0066	.0064
−2.3	.0107	.0104	.0102	.0099	.0096	.0094	.0091	.0089	.0087	.0084
−2.2	.0139	.0136	.0132	.0129	.0126	.0122	.0119	.0116	.0113	.0110
−2.1	.0179	.0174	.0170	.0166	.0162	.0158	.0154	.0150	.0146	.0143
−2.0	.0228	.0222	.0217	.0212	.0207	.0202	.0197	.0192	.0188	.0183
−1.9	.0287	.0281	.0274	.0268	.0262	.0256	.0250	.0244	.0238	.0233
−1.8	.0359	.0352	.0344	.0336	.0329	.0322	.0314	.0307	.0300	.0294
−1.7	.0446	.0436	.0427	.0418	.0409	.0401	.0392	.0384	.0375	.0367
−1.6	.0548	.0537	.0526	.0516	.0505	.0495	.0485	.0475	.0465	.0455
−1.5	.0668	.0655	.0643	.0630	.0618	.0606	.0594	.0582	.0570	.0559
−1.4	.0808	.0793	.0778	.0764	.0749	.0735	.0722	.0708	.0694	.0681
−1.3	.0968	.0951	.0934	.0918	.0901	.0885	.0869	.0853	.0838	.0823
−1.2	.1151	.1131	.1112	.1093	.1075	.1056	.1038	.1020	.1003	.0985
−1.1	.1357	.1335	.1314	.1292	.1271	.1251	.1230	.1210	.1190	.1170
−1.0	.1587	.1562	.1539	.1515	.1492	.1469	.1446	.1423	.1401	.1379
− .9	.1841	.1814	.1788	.1762	.1736	.1711	.1685	.1660	.1635	.1611
− .8	.2119	.2090	.2061	.2033	.2005	.1977	.1949	.1922	.1894	.1867
− .7	.2420	.2389	.2358	.2327	.2297	.2266	.2236	.2206	.2177	.2148
− .6	.2743	.2709	.2676	.2643	.2611	.2578	.2546	.2514	.2483	.2451
− .5	.3085	.3050	.3015	.2981	.2946	.2912	.2877	.2843	.2810	.2776
− .4	.3446	.3409	.3372	.3336	.3300	.3264	.3228	.3192	.3156	.3121
− .3	.3821	.3783	.3745	.3707	.3669	.3632	.2594	.3557	.3520	.3483
− .2	.4207	.4168	.4129	.4090	.4052	.4013	.3974	.3936	.3897	.3859
− .1	.4602	.4562	.4522	.4483	.4443	.4404	.4364	.4325	.4286	.4247
− .0	.5000	.4960	.4920	.4880	.4840	.4801	.4761	.4721	.4681	.4641

附表一　標準常態分配（續）

z	0	1	2	3	4	5	6	7	8	9
.0	.5000	.5040	.5080	.5120	.5160	.5199	.5239	.5279	.5319	.5359
.1	.5398	.5438	.5478	.5517	.5557	.5596	.5636	.5675	.5714	.5753
.2	.5793	.5832	.5871	.5910	.5948	.5987	.6026	.6064	.6103	.6141
.3	.6179	.6217	.6255	.6293	.6331	.6368	.6406	.6443	.6480	.6517
.4	.6554	.6591	.6628	.6664	.6700	.6736	.6772	.6808	.6844	.6879
.5	.6915	.6950	.6985	.7019	.7054	.7088	.7123	.7157	.7190	.7224
.6	.7257	.7291	.7324	.7357	.7389	.7422	.7454	.7486	.7517	.7549
.7	.7580	.7611	.7642	.7673	.7703	.7734	.7764	.7794	.7823	.7852
.8	.7881	.7910	.7939	.7967	.7995	.8023	.8051	.8078	.8106	.8133
.9	.8159	.8186	.8212	.8238	.8264	.8289	.8315	.8340	.8365	.8389
1.0	.8413	.8438	.8461	.8485	.8508	.8531	.8554	.8577	.8599	.8621
1.1	.8643	.8665	.8686	.8708	.8729	.8749	.8770	.8790	.8810	.8830
1.2	.8849	.8869	.8888	.8907	.8925	.8944	.8962	.8980	.8997	.9015
1.3	.9032	.9049	.9066	.9082	.9099	.9115	.9131	.9147	.9162	.9177
1.4	.9192	.9207	.9222	.9236	.9251	.9265	.9278	.9292	.9306	.9319
1.5	.9332	.9345	.9357	.9370	.9382	.9394	.9406	.9418	.9430	.9441
1.6	.9452	.9463	.9474	.9484	.9495	.9505	.9515	.9525	.9535	.9545
1.7	.9554	.9564	.9573	.9582	.9591	.9599	.9608	.9616	.9625	.9633
1.8	.9641	.9648	.9656	.9664	.9671	.9678	.9686	.9693	.9700	.9706
1.9	.9713	.9719	.9726	.9732	.9738	.9744	.9750	.9756	.9762	.9767
2.0	.9772	.9778	.9783	.9788	.9793	.9798	.9803	.9808	.9812	.9817
2.1	.9821	.9826	.9830	.9834	.9838	.9842	.9846	.9850	.9854	.9857
2.2	.9861	.9864	.9868	.9871	.9874	.9878	.9881	.9884	.9887	.9890
2.3	.9893	.9896	.9898	.9901	.9904	.9906	.9909	.9911	.9913	.9916
2.4	.9918	.9920	.9922	.9925	.9927	.9929	.9931	.9932	.9934	.9936
2.5	.9938	.9940	.9941	.9943	.9945	.9946	.9948	.9949	.9951	.9952
2.6	.9953	.9955	.9956	.9957	.9959	.9960	.9961	.9962	.9963	.9964
2.7	.9965	.9966	.9967	.9968	.9969	.9970	.9971	.9972	.9973	.9974
2.8	.9974	.9975	.9976	.9977	.9977	.9978	.9979	.9979	.9980	.9981
2.9	.9981	.9982	.9982	.9983	.9984	.9984	.9985	.9985	.9986	.9986
3.	.9987	.9990	.9993	.9995	.9997	.9998	.9998	.9999	.9999	1.0000

附表二　分配

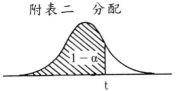

t

Degrees of Freedom	Probability $1-\alpha$				
	.90	.95	.975	.99	.995
1	3.078	6.314	12.706	31.821	63.657
2	1.886	2.920	4.303	6.965	9.925
3	1.638	2.353	3.182	4.541	5.841
4	1.533	2.132	2.776	3.747	4.604
5	1.476	2.015	2.571	3.365	4.032
6	1.440	1.943	2.447	3.143	3.707
7	1.415	1.895	2.365	2.998	3.499
8	1.397	1.860	2.306	2.896	3.355
9	1.383	1.833	2.262	2.821	3.250
10	1.372	1.812	2.228	2.764	3.169
11	1.363	1.796	2.201	2.718	3.106
12	1.356	1.782	2.179	2.681	3.055
13	1.350	1.771	2.160	2.650	3.012
14	1.345	1.761	2.145	2.624	2.977
15	1.341	1.753	2.131	2.602	2.947
16	1.337	1.746	2.120	2.583	2.921
17	1.333	1.740	2.110	2.567	2.898
18	1.330	1.734	2.101	2.552	2.878
19	1.328	1.729	2.093	2.539	2.861
20	1.325	1.725	2.086	2.528	2.845
21	1.323	1.721	2.080	2.518	2.831
22	1.321	1.717	2.074	2.508	2.819
23	1.319	1.714	2.069	2.500	2.807
24	1.318	1.711	2.064	2.492	2.797
25	1.316	1.708	2.060	2.485	2.787
26	1.315	1.706	2.056	2.479	2.779
27	1.314	1.703	2.052	2.473	2.771
28	1.313	1.701	2.048	2.467	2.763
29	1.311	1.699	2.045	2.462	2.756
30	1.310	1.697	2.042	2.457	2.750
40	1.303	1.684	2.021	2.423	2.704
60	1.296	1.671	2.000	2.390	2.660
120	1.290	1.661	1.984	2.358	2.626
∞	1.282	1.645	1.960	2.326	2.576

附表三 χ^2 分配

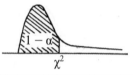

f	Probability $1 - \alpha$							
	.005	.010	.025	.050	.950	.975	.990	.995
1	----	----	----	.004	3.84	5.02	6.63	7.88
2	.01	.02	.05	.10	5.99	7.38	9.21	10.60
3	.07	.11	.22	.35	7.81	9.35	11.34	12.84
4	.21	.30	.48	.71	9.49	11.14	13.28	14.86
5	.41	.55	.83	1.15	11.07	12.83	15.09	16.75
6	.68	.87	1.24	1.64	12.59	14.45	16.81	18.55
7	.99	1.24	1.69	2.17	14.07	16.01	18.48	20.28
8	1.34	1.65	2.18	2.73	15.51	17.53	20.09	21.96
9	1.73	2.09	2.70	3.33	16.92	19.02	21.67	23.59
10	2.16	2.56	3.25	3.94	18.31	20.48	23.21	25.19
11	2.60	3.05	3.82	4.57	19.68	21.92	24.72	26.76
12	3.07	3.57	4.40	5.23	21.03	23.34	26.22	28.30
13	3.57	4.11	5.01	5.89	22.36	24.74	27.69	29.82
14	4.07	4.66	5.63	6.57	23.68	26.12	29.14	31.32
15	4.60	5.23	6.26	7.26	25.00	27.49	30.58	32.80
16	5.14	5.81	6.91	7.96	26.30	28.85	32.00	34.27
17	5.70	6.41	7.56	8.67	27.59	30.19	33.41	35.72
18	6.26	7.01	8.23	9.39	28.87	31.53	34.81	37.16
19	6.84	7.63	8.91	10.12	30.14	32.85	36.19	38.58
20	7.43	8.26	9.59	10.85	31.41	34.17	37.57	40.00
21	8.03	8.90	10.28	11.59	32.67	35.48	38.93	41.40
22	8.64	9.54	10.98	12.34	33.92	36.78	40.29	42.80
23	9.26	10.20	11.69	13.09	35.17	38.08	41.64	44.18
24	9.89	10.86	12.40	13.85	36.42	39.36	42.98	45.56
25	10.52	11.52	13.12	14.61	37.65	40.65	44.31	46.93
26	11.16	12.20	13.84	15.38	38.89	41.92	45.64	48.29
27	11.81	12.88	14.57	16.15	40.11	43.19	46.96	49.64
28	12.46	13.56	15.31	16.93	41.34	44.46	48.28	50.99
29	13.12	14.26	16.05	17.71	42.56	45.72	49.59	52.34
30	13.79	14.95	16.79	18.49	43.77	46.98	50.89	53.67
40	20.71	22.16	24.43	26.51	55.76	59.34	63.69	66.77
50	27.99	29.71	32.36	34.76	67.50	71.42	76.15	79.49
60	35.53	37.48	40.48	43.19	79.08	83.30	88.38	91.95
70	43.28	45.44	48.76	51.74	90.53	95.02	100.43	104.22
80	51.17	53.54	57.15	60.39	101.88	106.63	112.33	116.32
90	59.20	61.75	65.65	69.13	113.14	118.14	124.12	128.30
100	67.33	70.06	74.22	77.93	124.34	129.56	135.81	140.17

附表四　F 分配

$$1 - \alpha = 0.995$$

f_1 / f_2	1	2	3	4	5	6	7	8	9
1	16211	20000	21615	22500	23056	23437	23715	23925	24091
2	198.50	199.00	199.17	199.25	199.30	199.33	199.36	199.37	199.39
3	55.552	49.799	47.467	46.195	45.392	44.838	44.434	44.126	43.882
4	31.333	26.284	24.259	23.155	22.456	21.975	21.622	21.352	21.139
5	22.785	18.314	16.530	15.556	14.940	14.513	14.200	13.961	13.772
6	18.635	14.544	12.917	12.028	11.464	11.073	10.786	10.566	10.391
7	16.236	12.404	10.882	10.050	9.5221	9.1554	8.8854	8.6781	8.5138
8	14.688	11.042	9.5965	8.8051	8.3018	7.9520	7.6942	7.4960	7.3386
9	13.614	10.107	8.7171	7.9559	7.4711	7.1338	6.8849	6.6933	6.5411
10	12.826	9.4270	8.0807	7.3428	6.8723	6.5446	6.3025	6.1159	5.9676
11	12.226	8.9122	7.6004	6.8809	6.4217	6.1015	5.8648	5.6821	5.5368
12	11.754	8.5096	7.2258	6.5211	6.0711	5.7570	5.5245	5.3451	5.2021
13	11.374	8.1865	6.9257	6.2335	5.7910	5.4819	5.2529	5.0761	4.9351
14	11.060	7.9217	6.6803	5.9984	5.5623	5.2574	5.0313	4.8566	4.7173
15	10.798	7.7008	6.4760	5.8029	5.3721	5.0708	4.8473	4.6743	4.5364
16	10.575	7.5138	6.3034	5.6378	5.2117	4.9134	4.6920	4.5207	4.3838
17	10.384	7.3536	6.1556	5.4967	5.0746	4.7789	4.5594	4.3893	4.2535
18	10.218	7.2148	6.0277	5.3746	4.9560	4.6627	4.4448	4.2759	4.1410
19	10.073	7.0935	5.9161	5.2681	4.8526	4.5614	4.3448	4.1770	4.0428
20	9.9439	6.9865	5.8177	5.1743	4.7616	4.4721	4.2569	4.0900	3.9564
21	9.8295	6.8914	5.7304	5.0911	4.6808	4.3931	4.1789	4.0128	3.8799
22	9.7271	6.8064	5.6524	5.0168	4.6088	4.3225	4.1094	3.9440	3.9440
23	9.6348	6.7300	5.5823	4.9500	4.5441	4.2591	4.0469	3.8822	3.7502
24	9.5513	6.6610	5.5190	4.8898	4.4857	4.2019	3.9905	3.8264	3.6949
25	9.4753	6.5982	5.4615	4.8351	4.4327	4.1500	3.9394	3.7758	3.6447
26	9.4059	6.5409	5.4091	4.7852	4.3844	4.1027	3.8928	3.7297	3.5989
27	9.3423	6.4885	5.3611	4.7396	4.3402	4.0594	3.8501	3.6875	3.5571
28	9.2838	6.4403	5.3170	4.6977	4.2996	4.0197	3.8110	3.6487	3.5186
29	9.2297	6.3958	5.2764	4.6591	4.2622	3.9830	3.7749	3.6130	3.4832
30	9.1797	6.3547	5.2388	4.6233	4.2276	3.9492	3.7416	3.5801	3.4505
40	8.8278	6.0664	4.9759	4.3738	3.9860	3.7129	3.5088	3.3498	3.2220
60	8.4946	5.7950	4.7290	4.1399	3.7600	3.4918	3.2911	3.1344	3.0083
120	8.1790	5.5393	4.4973	3.9207	3.5482	3.2849	3.0874	2.9330	2.8083
∞	7.8794	5.2983	4.2794	3.7151	3.3499	3.0193	2.8968	2.7414	2.6210

附表四 F分配（續）

$$1-\alpha = 0.99$$

f_1 \ f_2	10	12	15	20	24	30	40	60	120	∞
1	6055.8	6106.3	6157.3	6208.7	6234.6	6260.7	6286.8	6313.0	6339.4	6366.0
2	99.399	99.416	99.432	99.449	99.458	99.466	99.474	99.483	99.491	99.501
3	27.229	27.052	26.872	26.690	26.598	26.505	26.411	26.316	26.221	26.125
4	14.546	14.374	14.198	14.020	13.929	13.838	13.745	13.652	13.558	13.463
5	10.051	9.8883	9.7222	9.5527	9.4665	9.3793	9.2912	9.2020	9.1118	9.0204
6	7.8741	7.7183	7.5590	7.3958	7.3127	7.2285	7.1432	7.0568	6.9690	6.8801
7	6.6201	6.4691	6.3143	6.1554	6.0743	5.9921	5.9084	5.8236	5.7372	5.6495
8	5.8143	5.6668	5.5151	5.3591	5.2793	5.1981	5.1156	5.0316	4.9460	4.8588
9	5.2565	5.1114	4.9621	4.8080	4.7290	4.6486	4.5667	4.4831	4.3978	4.3105
10	4.8492	4.7059	4.5582	4.4054	4.3269	4.2469	4.1653	4.0819	3.9965	3.9090
11	4.5393	4.3974	4.2509	4.0990	4.0209	3.9411	3.8596	3.7761	3.6904	3.6025
12	4.2961	4.1553	4.0096	3.8584	3.7805	3.7008	3.6192	3.5355	3.4494	3.3608
13	4.1003	3.9603	3.8154	3.6646	3.5868	3.5070	3.4253	3.3413	3.2548	3.1654
14	3.9394	3.8001	3.6557	3.5052	3.4274	3.3476	3.2656	3.1813	3.0942	3.0040
15	3.8049	3.6662	3.5222	3.3719	3.2940	3.2141	3.1319	3.0471	2.9595	2.8684
16	3.6909	3.5527	3.4089	3.2588	3.1808	3.1007	3.0182	2.9330	2.8447	2.7528
17	3.5931	3.4552	3.3117	3.1615	3.0835	3.0032	2.9205	2.8348	2.7459	2.6530
18	3.5082	3.3706	3.2273	3.0771	2.9990	2.9185	2.8354	2.7493	2.6597	2.5660
19	3.4338	3.2965	3.1533	3.0031	2.9249	2.8422	2.7608	2.6742	2.5839	2.4893
20	3.3682	3.2311	3.0880	2.9377	2.8594	2.7785	2.6947	2.6077	2.5168	2.4212
21	3.3098	3.1729	3.0299	2.8796	2.8011	2.7200	2.6359	2.5484	2.4568	2.3603
22	3.2576	3.1209	2.9780	2.8274	2.7488	2.6675	2.5831	2.4951	2.4029	2.3055
23	3.2106	3.0740	2.9311	2.7805	2.7017	2.6202	2.5355	2.4471	2.3542	2.2559
24	3.1681	3.0316	2.8887	2.7380	2.6591	2.5773	2.4923	2.4035	2.3099	2.2107
25	3.1294	2.9931	2.8502	2.6993	2.6203	2.5383	2.4530	2.3637	2.2695	2.1694
26	3.0941	2.9579	2.8150	2.6640	2.5848	2.5026	2.4170	2.3273	2.2325	2.1315
27	3.0618	2.9256	2.7827	2.6316	2.5522	2.4699	2.3840	2.2938	2.1984	2.0965
28	3.0320	2.8959	2.7530	2.6017	2.5223	2.4397	2.3535	2.2629	2.1670	2.0642
29	3.0045	2.8685	2.7256	2.5742	2.4946	2.4118	2.3253	2.2344	2.1378	2.0342
30	2.9791	2.8431	2.7002	2.5487	2.4689	2.3860	2.2992	2.2079	2.1107	2.0062
40	2.8005	2.6648	2.5216	2.3689	2.2880	2.2034	2.1142	2.0194	1.9172	1.8047
60	2.6318	2.4961	2.3523	2.1978	2.1154	2.0285	1.9360	1.8363	1.7263	1.6006
120	2.4721	2.3363	2.1915	2.0346	1.9500	1.8600	1.7628	1.6557	1.5330	1.3805
∞	2.3209	2.1848	2.0385	1.8783	1.7908	1.6964	1.5923	1.4730	1.3246	1.0000

附表四　F 分配（續）

$$1-\alpha=0.99$$

f_1 \ f_2	1	2	3	4	5	6	7	8	9
1	4052.2	4999.5	5403.3	5624.6	5763.7	5859.0	5928.3	5981.6	6022.5
2	98.503	99.000	99.166	99.249	99.299	99.332	99.356	99.374	99.388
3	34.116	30.817	29.457	28.710	28.237	27.911	27.672	27.489	27.345
4	21.198	18.000	16.694	15.977	15.552	15.207	14.976	14.799	14.659
5	16.258	13.274	12.060	11.392	10.967	10.672	10.456	10.289	10.158
6	13.745	10.925	9.7795	9.1483	8.7459	8.4661	8.2600	8.1016	7.9761
7	12.245	9.5466	8.4513	7.8467	7.4604	7.1914	6.9928	6.8401	6.7188
8	11.259	8.6491	7.5910	7.0060	6.6318	6.3707	6.1776	6.0289	5.9106
9	10.561	8.0215	6.9919	6.4221	6.0569	5.8018	5.6129	5.4671	5.3511
10	10.044	7.5594	6.5523	5.9943	5.6363	5.3858	5.2001	5.0567	4.9424
11	9.6460	7.2057	6.2167	5.6683	5.3160	5.0692	4.8861	4.7445	4.6315
12	9.3302	6.9266	5.9526	5.4119	5.0648	4.8206	4.6395	4.4994	4.3875
13	9.0738	6.7010	5.7394	5.2053	4.8616	4.6204	4.4410	4.3021	4.1911
14	8.8616	6.5149	5.5639	5.0354	4.6950	4.4558	4.2779	4.1399	4.0297
15	8.6831	6.3589	5.4170	4.8932	4.5556	4.3183	4.1415	4.0045	3.8948
16	8.5310	6.2262	5.2922	4.7726	4.4374	4.2016	4.0259	3.8896	3.7804
17	8.3997	6.1121	5.1850	4.6690	4.3359	4.1015	3.9267	3.7910	3.6822
18	8.2854	6.0129	5.0919	4.5790	4.2479	4.0146	3.8406	3.7054	3.5971
19	8.1850	5.9259	5.0103	4.5003	4.1708	3.9386	3.7653	3.6305	3.5225
20	8.0960	5.8489	4.9382	4.4307	4.1027	3.8714	3.6987	3.5644	3.4567
21	8.0166	5.7804	4.8740	4.3688	4.0421	3.8117	3.6396	3.5056	3.3981
22	7.9454	5.7190	4.8166	4.3134	3.9880	3.7583	3.5867	3.4530	3.3458
23	7.8811	5.6637	4.7649	4.2635	3.9392	3.7102	3.5390	3.4057	3.2986
24	7.8229	5.6136	4.7181	4.2184	3.8951	3.6667	3.4959	3.3629	3.2560
25	7.7698	5.5680	4.6755	4.1774	3.8550	3.6272	3.4568	3.3239	3.2172
26	7.7213	5.5263	4.6366	4.1400	3.8183	3.5911	3.4210	3.2884	3.1818
27	7.6767	5.4881	4.6009	4.1056	3.7848	3.5580	3.3882	3.2558	3.1494
28	7.6356	5.4529	4.5681	4.0740	3.7539	3.5276	3.3581	3.2259	3.1195
29	7.5976	5.4205	4.5378	4.0449	3.7254	3.4995	3.3302	3.1982	3.0920
30	7.5625	5.3904	4.5097	4.0179	3.6990	3.4735	3.3045	3.1726	3.0665
40	7.3141	5.1785	4.3126	3.8283	3.5138	3.2910	3.1238	2.9930	2.8876
60	7.0771	4.9774	4.1259	3.6491	3.3389	3.1187	2.9530	2.8233	2.7185
120	6.8510	4.7865	3.9493	3.4796	3.1735	2.9559	2.7918	2.6629	2.5586
∞	6.6349	4.6052	3.7816	3.3192	3.0173	2.8020	2.6393	2.5113	2.4073

附表四　F分配（續）

$1-\alpha=0.975$

f_1 \ f_2	10	12	15	20	24	30	40	60	120	∞
1	968.63	976.71	984.87	993.10	997.25	1001.4	1005.6	1009.8	1014.0	1018.3
2	39.398	39.415	39.431	39.448	39.456	39.465	39.473	39.481	39.490	39.498
3	14.419	14.337	14.253	14.167	14.124	14.081	14.037	13.992	13.947	13.902
4	8.8439	8.7512	8.6565	8.5599	8.5109	8.4613	8.4111	8.3604	8.3092	8.2573
5	6.6192	6.5246	6.4277	6.3285	6.2780	6.2269	6.1751	6.1225	6.0693	6.0153
6	5.4613	5.3662	5.2687	5.1684	5.1172	5.0652	5.0125	4.9589	4.9045	4.8491
7	4.7611	4.6658	4.5678	4.4667	4.4150	4.3624	4.3089	4.2544	4.1989	4.1423
8	4.2951	4.1997	4.1012	3.9995	3.9472	3.8940	3.8398	3.7844	3.7279	3.6702
9	3.9639	3.8682	3.7694	3.6669	3.6142	3.5604	3.5055	3.4493	3.3918	3.3329
10	3.7168	3.6209	3.5217	3.4186	3.3654	3.3110	3.2554	3.1984	3.1399	3.0798
11	3.5257	3.4296	3.3299	3.2261	3.1725	3.1176	3.0613	3.0035	2.9441	2.8828
12	3.3736	3.2773	3.1772	3.0728	3.0187	2.9633	2.9063	2.8478	2.7874	2.7249
13	3.2497	3.1532	3.0527	2.9477	2.8932	2.8373	2.7797	2.7204	2.6590	2.5955
14	3.1469	3.0501	2.9493	2.8437	2.7888	2.7324	2.6742	2.6142	2.5519	2.4872
15	3.0602	2.9633	2.8621	2.7559	2.7006	2.6437	2.5850	2.5242	2.4611	2.3953
16	2.9862	2.8890	2.7875	2.6808	2.6252	2.5678	2.5085	2.4471	2.3831	2.3163
17	2.9222	2.8249	2.7230	2.6158	2.5598	2.5021	2.4422	2.3801	2.3153	2.2474
18	2.8664	2.7689	2.6667	2.5590	2.5027	2.4445	2.3842	2.3214	2.2558	2.1869
19	2.8173	2.7196	2.6171	2.5089	2.4523	2.3937	2.3329	2.2695	2.2032	2.1333
20	2.7737	2.6758	2.5731	2.4645	2.4076	2.3486	2.2873	2.2234	2.1562	2.0853
21	2.7348	2.6368	2.5338	2.4247	2.3675	2.3082	2.2465	2.1819	2.1141	2.0422
22	2.6998	2.6017	2.4984	2.3890	2.3315	2.2718	2.2097	2.1446	2.0760	2.0032
23	2.6682	2.5699	2.4665	2.3567	2.2989	2.2389	2.1763	2.1107	2.0415	1.9677
24	2.6396	2.5412	2.4374	2.3273	2.2693	2.2090	2.1460	2.0799	2.0099	1.9353
25	2.6135	2.5149	2.4110	2.3005	2.2422	2.1816	2.1183	2.0517	1.9811	1.9055
26	2.5895	2.4909	2.3867	2.2759	2.2174	2.1565	2.0928	2.0257	1.9545	1.8781
27	2.5676	2.4688	2.3644	2.2533	2.1946	2.1334	2.0693	2.0018	1.9299	1.8527
28	2.5473	2.4484	2.3438	2.2324	2.1735	2.1121	2.0477	1.9796	1.9072	1.8291
29	2.5286	2.4295	2.3248	2.2131	2.1540	2.0923	2.0276	1.9591	1.8861	1.8072
30	2.5112	2.4120	2.3072	2.1952	2.1359	2.0739	2.0089	1.9400	1.8664	1.7867
40	2.3882	2.2882	2.1819	2.0677	2.0069	1.9429	1.8752	1.8028	1.7242	1.6371
60	2.2702	2.1692	2.0613	1.9445	1.8817	1.8152	1.7440	1.6668	1.5810	1.4822
120	2.1570	2.0548	1.9450	1.8249	1.7597	1.6899	1.6141	1.5299	1.4327	1.3104
∞	2.0483	1.9447	1.8326	1.7085	1.6402	1.5660	1.4835	1.3883	1.2684	1.0000

附表四　F 分配（續）

$1-\alpha=0.975$

f_1 / f_2	1	2	3	4	5	6	7	8	9
1	647.79	799.50	864.16	899.58	921.85	937.11	948.22	956.66	963.28
2	38.506	39.000	39.165	39.248	29.298	39.331	39.355	39.373	39.387
3	17.443	16.044	15.439	15.101	14.885	14.735	14.624	14.540	14.473
4	12.218	10.649	9.9792	9.6045	9.3645	9.1973	9.0741	8.9796	8.9047
5	10.007	8.4336	7.7636	7.3879	7.1464	6.9777	6.8531	6.7572	6.6810
6	8.8131	7.2598	6.5988	6.2272	5.9876	5.8197	5.6955	5.5996	5.5234
7	8.0727	6.5415	5.8898	5.5226	5.2852	5.1186	4.9949	4.8994	4.8232
8	7.5709	6.0595	5.4160	5.0526	4.8173	4.6517	4.5286	4.4332	4.3572
9	7.2093	5.7147	5.0781	4.7181	4.4844	4.3197	4.1971	4.1020	4.0260
10	6.9367	5.4564	4.8256	4.4683	4.2361	4.0721	3.9498	3.8549	3.7790
11	6.7241	5.2559	4.6300	4.2751	4.0440	3.8807	3.7586	3.6638	3.5879
12	6.5538	5.0959	4.4742	4.1212	3.8911	3.7283	3.6065	3.5118	3.4358
13	6.4143	4.9653	4.3472	3.9959	3.7667	3.6043	3.4827	3.3880	3.3120
14	6.2979	4.8567	4.2417	3.8919	3.6634	3.5014	3.3799	3.2853	3.2093
15	6.1995	4.7650	4.1528	3.8043	3.5764	3.4147	3.2934	3.1987	3.1227
16	6.1151	4.6867	4.0768	3.7294	3.5021	3.3406	3.2194	3.1248	3.0488
17	6.0420	4.6189	4.0112	3.6648	3.4379	3.2767	3.1556	3.0610	2.9849
18	5.9781	4.5597	3.9539	3.6083	3.3820	3.2209	3.0999	3.0053	2.9291
19	5.9216	4.5075	3.9034	3.5587	3.3327	3.1718	3.0509	2.9563	2.8800
20	5.8715	4.4613	3.8587	3.5147	3.2891	3.1283	3.0074	2.9128	2.8365
21	5.8266	4.4199	3.8188	3.4754	3.2501	3.0895	2.9686	2.8740	2.7977
22	5.7863	4.3828	3.7829	3.4401	3.2151	3.0546	2.9338	2.8392	2.7628
23	5.7498	4.3492	3.7505	3.4083	3.1835	3.0232	2.9024	2.8077	2.7313
24	5.7167	4.3187	3.7211	3.3794	3.1548	2.9946	2.8738	2.7791	2.7027
25	5.6864	4.2909	3.6943	3.3530	3.1287	2.9685	2.8478	2.7531	2.6766
26	5.6586	4.2655	3.6697	3.3289	3.1048	2.9447	2.8240	2.7293	2.6528
27	5.6331	4.2421	3.6472	3.3067	3.0828	2.9228	2.8021	2.7074	2.6309
28	5.6096	4.2205	3.6264	3.2863	3.0625	2.9027	2.7820	2.6872	2.6106
29	5.5878	4.2006	3.6072	3.2674	3.0438	2.8840	2.7633	2.6686	2.5919
30	5.5675	4.1821	3.5894	3.2499	3.0265	2.8667	2.7460	2.6513	2.5746
40	5.4239	4.0510	3.4633	3.1261	2.9037	2.7444	2.6238	2.5289	2.4519
60	5.2857	3.9253	3.3425	3.0077	2.7863	2.6274	2.5068	2.4117	2.3344
120	5.1524	3.8046	3.2270	2.8943	2.6740	2.5154	2.3948	2.2994	2.2217
∞	5.0239	3.6889	3.1161	2.7858	2.5665	2.4082	2.2875	2.1918	2.1136

附表四　F 分配（續）

$$1-\alpha=0.95$$

f_2 \ f_1	10	12	15	20	24	30	40	60	120	∞
1	241.88	243.91	245.95	248.01	249.05	250.09	251.14	252.20	253.25	254.32
2	19.396	19.413	19.429	19.446	19.454	19.462	19.471	19.479	19.487	19.496
3	8.7855	8.7446	8.7029	8.6602	8.6385	8.6166	8.5944	8.5720	8.5494	8.5265
4	5.9644	5.9117	5.8578	5.8025	5.7744	5.7459	5.7170	5.6878	5.6581	5.6281
5	4.7351	4.6777	4.6188	4.5581	4.5272	4.4957	4.4638	4.4314	4.3984	4.3650
6	4.0600	3.9999	3.9381	3.8742	3.8415	3.8082	3.7743	3.7398	3.7047	3.6688
7	3.6365	3.5747	3.5108	3.4445	3.4105	3.3758	3.3404	3.3043	3.2674	3.2298
8	3.3472	3.2840	3.2184	3.1503	3.1152	3.0794	3.0428	3.0053	2.9669	2.9276
9	3.1373	3.0729	3.0061	2.9365	2.9005	2.8637	2.8259	2.7872	2.7475	2.7067
10	2.9782	2.9180	2.8450	2.7740	2.7372	2.6996	2.6609	2.6211	2.5801	2.5379
11	2.8536	2.7876	2.7186	2.6464	2.6090	2.5705	2.5309	2.4901	2.4480	2.4045
12	2.7534	2.6866	2.6169	2.5436	2.5055	2.4663	2.4259	2.3842	2.3410	2.2962
13	2.6710	2.6037	2.5331	2.4589	2.4202	2.3803	2.3392	2.2966	2.2524	2.2064
14	2.6021	2.5342	2.4630	2.3879	2.3487	2.3082	2.2664	2.2230	2.1778	2.1307
15	2.5437	2.4753	2.4035	2.3275	2.2878	2.2468	2.2043	2.1601	2.1141	2.0658
16	2.4935	2.4247	2.3522	2.2756	2.2354	2.1938	2.1507	2.1058	2.0589	2.0096
17	2.4499	2.3807	2.3077	2.2304	2.1898	2.1477	2.1040	2.0584	2.0107	1.9604
18	2.4117	2.3421	2.2686	2.1906	2.1497	2.1071	2.0629	2.0166	1.9681	1.9168
19	2.3779	2.3080	2.2341	2.1555	2.1141	2.0712	2.0264	1.9796	1.9302	1.8780
20	2.3479	2.2776	2.2033	2.1242	2.0825	2.0391	1.9938	1.9464	1.8963	1.8432
21	2.3210	2.2504	2.1757	2.0960	2.0540	2.0102	1.9645	1.9165	1.8657	1.8117
22	2.2967	2.2258	2.1508	2.0707	2.0283	1.9842	1.9380	1.8895	1.8380	1.7831
23	2.2747	2.2036	2.1282	2.0476	2.0050	1.9605	1.9139	1.8649	1.8128	1.7570
24	2.2547	2.1834	2.1077	2.0267	1.9838	1.9390	1.8920	1.8424	1.7897	1.7331
25	2.2365	2.1649	2.0889	2.0075	1.9643	1.9192	1.8718	1.8217	1.7684	1.7110
26	2.2197	2.1479	2.0716	1.9898	1.9464	1.9010	1.8533	1.8027	1.7488	1.6906
27	2.2043	2.1323	2.0558	1.9736	1.9299	1.8842	1.8361	1.7851	1.7307	1.6717
28	2.1900	2.1179	2.0411	1.9586	1.9147	1.8687	1.8203	1.7689	1.7138	1.6541
29	2.1768	2.1045	2.0275	1.9446	1.9005	1.8543	1.8055	1.7537	1.6981	1.6377
30	2.1646	2.0921	2.0148	1.9317	1.8874	1.8409	1.7918	1.7396	1.6835	1.6223
40	2.0772	2.0035	1.9245	1.8389	1.7929	1.7444	1.6928	1.6373	1.5766	1.5089
60	1.9926	1.9174	1.8364	1.7480	1.7001	1.6491	1.5943	1.5343	1.4673	1.3893
120	1.9105	1.8337	1.7505	1.6587	1.6084	1.5543	1.4952	1.4290	1.3519	1.2539
∞	1.8307	1.7522	1.6664	1.5705	1.5173	1.4591	1.3940	1.3180	1.2214	1.0000

附表四　F 分配（續）

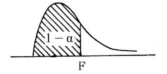

$1-\alpha$

F

$1-\alpha=0.95$

f_2 \ f_1	1	2	3	4	5	6	7	8	9
1	161.45	199.50	215.71	224.58	230.16	233.99	236.77	238.88	240.54
2	18.513	19.000	19.164	19.247	19.296	19.330	19.353	19.371	19.385
3	10.128	9.5521	9.2766	9.1172	9.0135	8.9406	8.8868	8.8452	8.8123
4	7.7086	6.9443	6.5914	6.3883	6.2560	6.1631	6.0942	6.0410	5.9988
5	6.6079	5.7861	5.4095	5.1922	5.0503	4.9503	4.8759	4.8183	4.7725
6	5.9874	5.1433	4.7571	4.5337	4.3874	4.2839	4.2066	4.1468	4.0990
7	5.5914	4.7374	4.3468	4.1203	3.9715	3.8660	3.7870	3.7257	3.6767
8	5.3177	4.4590	4.0662	3.8378	3.6875	3.5806	3.5005	3.4381	3.3881
9	5.1174	4.2565	3.8626	3.6331	3.4817	3.3738	3.2927	3.2296	3.1789
10	4.9646	4.1028	3.7083	3.4780	3.3258	3.2172	3.1355	3.0717	3.0204
11	4.8443	3.9823	3.5874	3.3567	3.2039	3.0946	3.0123	2.9480	2.8962
12	4.7472	3.8853	3.4903	3.2592	3.1059	2.9961	2.9134	2.8486	2.7964
13	4.6672	3.8056	3.4105	3.1791	3.0254	2.9153	2.8321	2.7669	2.7144
14	4.6001	3.7389	3.3439	3.1122	2.9582	2.8477	2.7642	2.6987	2.6458
15	4.5431	3.6823	3.2874	3.0556	2.9013	2.7905	2.7066	2.6408	2.5876
16	4.4940	3.6337	3.2389	3.0069	2.8524	2.7413	2.6572	2.5911	2.5377
17	4.4513	3.5915	3.1968	2.9647	2.8100	2.6987	2.6143	2.5480	2.4943
18	4.4139	3.5546	3.1599	2.9277	2.7729	2.6613	2.5767	2.5102	2.4563
19	4.3808	3.5219	3.1274	2.8951	2.7401	2.6283	2.5435	2.4768	2.4227
20	4.3513	3.4928	3.0984	2.8661	2.7109	2.5990	2.5140	2.4471	2.3928
21	4.3248	3.4668	3.0725	2.8401	2.6848	2.5757	2.4876	2.4205	2.3661
22	4.3009	3.4434	3.0491	2.8167	2.6613	2.5491	2.4638	2.3965	2.3419
23	4.2793	3.4221	3.0280	2.7955	2.6400	2.5277	2.4422	2.3748	2.3201
24	4.2597	3.4028	3.0088	2.7763	2.6207	2.5082	2.4226	2.3551	2.3002
25	4.2417	3.3852	2.9912	2.7587	2.6030	2.4904	2.4047	2.3371	2.2821
26	4.2252	3.3690	2.9751	2.7426	2.5868	2.4741	2.3883	2.3205	2.2655
27	4.2100	3.3541	2.9604	2.7278	2.5719	2.4591	2.3732	2.3053	2.2501
28	4.1960	3.3404	2.9467	2.7141	2.5581	2.4453	2.3593	2.2913	2.2360
29	4.1830	3.3277	2.9340	2.7014	2.5454	2.4324	2.3463	2.2782	2.2229
30	4.1709	3.3158	2.9223	2.6896	2.5336	2.4205	2.3343	2.2662	2.2107
40	4.0848	3.2317	2.8387	2.6060	2.4495	2.3359	2.2490	2.1802	2.1240
60	4.0012	3.1504	2.7581	2.5252	2.3683	2.2540	2.1665	2.0970	2.0401
120	3.9201	3.0718	2.6802	2.4472	2.2900	2.1750	2.0867	2.0164	1.9588
∞	3.8415	2.9957	2.6049	2.3719	2.2141	2.0986	2.0096	1.9384	1.8799

國家圖書館出版品預行編目資料

統計學精要／薄喬萍 著.
--初版.--臺北市：五南，2004〔民93〕
面； 公分
參考書目：面
ISBN 978-957-11-3642-4（平裝）
1.統計學
510   93010403

1H27
統計學精要

作　　　者 — 薄喬萍（394.4）
發 行 人 — 楊榮川
總 經 理 — 楊士清
主　　　編 — 侯家嵐
責任編輯 — 侯家嵐
出 版 者 — 五南圖書出版股份有限公司
地　　　址：106台北市大安區和平東路二段339號4樓
電　　　話：(02)2705-5066 傳　　真：(02)2706-6100
網　　　址：http://www.wunan.com.tw
電子郵件：wunan@wunan.com.tw
劃撥帳號：01068953
戶　　　名：五南圖書出版股份有限公司
法律顧問　林勝安律師事務所　林勝安律師
出版日期　2004年 8 月初版一刷
　　　　　2017年 9 月初版八刷
定　　　價　新臺幣300元

※版權所有·欲利用本書全部或部分內容，必須徵求本公司同意※